Developing Personal Safety Skills
in Children with Disabilities

特殊儿童安全技能发展指南

[澳]弗蕾达·布里格斯（Freda Briggs）◎ 著

张金明 ◎ 主译

华夏出版社
HUAXIA PUBLISHING HOUSE

精彩书评

"我经常听闻，很多人有志于教导障碍儿童预防性侵害，但往往不知从哪儿入手。本书就是很好的着手点，它拥有非常坚实的基础，以非障碍儿童性侵害预防课程的全面知识系统为基石。我们一直都在认真贯彻执行针对所有儿童的预防性侵害的理论和实践，当然，在这过程中也将障碍儿童的特殊需求考虑在内了。"

——迪克·绍布西教授（Professor Dick Sobsey）
艾伯塔大学侵害及障碍项目

"在为障碍儿童设计自我保护的课程时，书中的各个模块具有非常大的参考价值，可以极大地调动父母和照顾者在这些项目中的意识和积极性。"

——萨斯卡通地区委员会新闻和项目部（News And Programs Saskatoon Area Council, NAPSAC）公告栏

"书中的知识非常实用有效，为安全技能教育工作提供了稳固的根基……书中提供的教学活动很好用，也适用于提升自我效能和自我价值的相关教学工作。工作表也很棒……"

——聋与教育（Deafness and Education）

"特殊儿童由于先天的不足，遭受的侵害可能会更多。对于特殊儿童，性侵害现状更加严重……本书由澳大利亚儿童保护倡导者弗蕾达·布里格斯教授所著，可以满足家长、教师及相关人士在教授特殊儿童安全技能、预防性侵害方面的需求。"

——王大伟　中国人民公安大学教授

"《特殊儿童安全技能发展指南》对性安全教育进行了多角度、全方位、深层次的探讨，尤其是对如何防止性侵害的问题进行了系统阐述，并在操作层面提出了建设性意见。"

——王雁　北京师范大学特殊教育学院教授

"本书针对极易受到性侵害的群体——特殊儿童，以符合这个群体认知特征的方式，从具体的操作层面入手，动员老师、家长和照顾者全面参与，和儿童一起学会如何预防性侵、应对性侵以及遭遇性侵后该如何处理。这些方法和建议同样适用于普通儿童。"

——北京众一公益基金会　女童保护基金

《特殊儿童安全技能发展指南》
译著者名单

作　　者　弗蕾达·布里格斯（Freda Briggs）
中文版序　王大伟　王　雁
主　　译　张金明
翻　　译　（以姓氏笔画为序）
　　　　　艾晨曦　刘　慧　张思佳
　　　　　郝　悦　徐晓萌　郭敬稚

翻译助理　郭敬稚

目录 Contents

序一 … 1

序二 … 1

前言 … 1

第一部分

第一章　所有儿童均需要个人安全技能 … 3

第二章　障碍儿童为什么需要个人安全计划 … 23

第三章　个人安全计划中父母的参与 … 39

第四章　发展中的课程 … 65

第五章　回应真实或存疑的儿童性侵害 … 87

第二部分

模块一　培养孩子的自尊心 … 101

模块二　培养孩子的自我肯定技能 … 115

模块三　应对危险 … 123

模块四　"这是我的身体" … 133

模块五　我们身体的隐私部位 … 153

模块六　了解我们的感受 … 171

模块七　讨论触摸 … 201

附录　将个人安全技能整合到课程中的方法 … 237

序 一

> 特殊儿童是小花，
> 手拉手来呵护它。
> 遮风挡雨凭爱心，
> 一声珍重热泪洒。

孩子平安大于天，而特殊儿童的平安，更是儿童安全教育中的重中之重。

我是北京师范大学教育系的学生，我的学士论文就是研究听觉障碍人士的学习兴趣。我从二十多岁起就开始关注特殊儿童的教育。这些年又特别关注儿童安全教育，所以今天见到这本书稿，觉得非常重要，非常亲切。在国内，关于这方面的研究尚在起步阶段，因此这本书的重要性就不言而喻了。

特殊儿童，本来就需要家庭和社会格外的关注，而一旦特殊儿童遭到犯罪侵害，可谓雪上加霜。侵害儿童的罪犯十恶不赦，而侵害特殊儿童的罪犯，更是天大的恶魔。每每听到这类案件，自己总内疚教育不周，愧对孩子，叹息良久。

英国警察认为：人一生最少要遭受三次犯罪侵害，四次意外伤害，合在一起叫"七灾八难"。特殊儿童由于先天的不足，遭受的侵害可能会更多。对于特殊儿童，性侵害现状更加严重。美国和加拿大的研究表明，特殊儿童遭遇性侵害的风险比普通儿童高出 3~7 倍。更糟糕的是，与普通儿童相比，特殊儿童报告的性侵害并不能得到严肃的处理，并且施害者常常会被认为是无罪的。

当儿童面临犯罪侵害时，我们的预防补救措施包括两类：一类叫主动先发式，一类叫被动反应式。具体地说，主动先发式就是"主动自救观念预防模式"，被动反应式就是"被动他救技防模式"。"被动他救技防模式"认为：学生面对犯罪侵害，只能被动地等待警察救助，而把防范的宝押在技术上；而"主动自救观念预防模式"认为，孩子才是预防犯罪的主体，把提高孩子的防范意识，教给孩子的防范技能作为预防犯罪侵害的手段，让孩子面对犯罪侵害时不是被动躲避，而是主动防范。

儿童安全教育的形式和内容要符合儿童心理的认知特点，即简明扼要、具有完全的操作性。因此，我们在教学实践中创造了平安童谣、平安童话和平安童操。平安童谣要朗朗上口，具有操作性。以《平安小熊》为例，在防止性侵害时有这样的歌谣："小熊小熊，好宝宝，背心儿裤衩儿都穿好，里边儿不许别人摸，男孩女孩都知道。"平安童话是在案例的基础上，将血腥的案例改编成两个小动物或童话角色之间的斗争，最后一定是正义战胜邪恶。平安童操是在平安童谣的基础上，把防范的要点编写成体操，融入韵律和肢体的运动，让孩子们易学、易背、易用。

对特殊儿童的安全教育，体现的是教育工作者的深情关怀，体现的是整个社会的温暖与包容。比如听觉障碍儿童，我们可以让他们去看平安剧；对于盲童，可以尝试让他们去跳儿童安全操，说平安歌谣。要想尽一切办法把我们的爱转化成真正实用的、可操作的技能教给特殊儿童，让他们坚决地向性侵害说"不"，向社会上一切丑恶说"不"！让他们知道，身后有爸爸妈妈、老师、警察和整个社会在保护着他们。

基于目前特殊儿童性侵害问题的现状和困难，华夏出版社继推出美国性教育工作者特丽·库温霍芬的《智能障碍儿童性教育指南：正确认识身体、界限和性》后，出版《特殊儿童安全技能发展指南》一书。本书由澳大利亚儿童保护倡导者弗蕾达·布里格斯教授所著，可以满足家长、教师及相关人士在教授特殊儿童安全技能、预防性侵害方面的需求。

《特殊儿童安全技能发展指南》的英文原版虽然出版较早，但其内容对现阶段我国特殊儿童的安全教育仍具有重要参考和借鉴的意义。该书针对各类障碍儿童所特有的风险和困难，为家长、老师和其他照顾者在帮助儿童掌握个人安全技能方面提供了非常实用的方式方法，这些方法和建议也同样适用于普通儿童。全书共分两个部分，第一部分追溯了儿童保护的历史，从国际研究的视角阐述了所有儿童（不论障碍还是非障碍）需要个人安全计划的紧迫性和家长参与的必要性，描述了教授不同障碍类别的儿童安全技能时所存在的挑战及应采取的策略，以及报告性侵害和回应这类报告的技巧；第二部分则是从更加具体及实用的层面，通过围绕七个主题模块，即"自尊心、自我肯定技能、通用安全技能、身体意识、隐私观念、感知感受、讨论触摸"，针对不同的情境，为老师、家长和其他照顾者提供可操作的教学活动（如角色扮演、制作卡片和盒子、头脑风暴等）以及教学所需的图片和表格，帮助儿童掌握安全技能。

听闻华夏出版社将在特殊儿童性教育及安全技能教育，尤其是防性侵方面，陆续推出系列图书，实感欣慰，这不仅为特殊儿童的家长、老师和相关人士提供了宝贵的资源，也非常适合于普通儿童的家长、老师等借鉴和学习，值得期待！

特殊关怀，菩萨心肠。心有触动，乐为此序。

中国人民公安大学教授

王大伟

序 二

20世纪70年代起，儿童保护教育逐渐走入大众视野，受到各国学者的积极关注，其中"性侵害"是重要的一项议题。针对如何更有效地降低儿童受到性侵害的概率这一问题，学校、司法系统、政府机关等都在不断地进行尝试。尤其是近年来，儿童的性安全问题得到社会的广泛关注，在社会各阶层的互动中，"要正确对待性"的观念正在得到传播，性安全教育逐渐被纳入儿童的教育体系当中，但在实际推进过程中，"有口难开""找不到适当方式"等问题逐渐凸显，教育工作者、家长面临着极大的挑战。

所有的儿童都有可能遭受侵害，特别是特殊儿童。特殊儿童因其自身缺陷和社会环境的影响，缺乏对性安全的意识，在面对潜在危害时无法采用正确的方式进行自我保护。与此同时，特殊儿童往往无法报告所遭遇的性侵害问题，阻碍了成人对儿童的救援。社会对于特殊儿童性安全教育的忽视，也在无形中将他们置于一个更加危险的地带。由此看来，发展特殊儿童的安全技能就显得格外重要。

弗蕾达·布里格斯的这本《特殊儿童安全技能发展指南》对性安全教育进行了多角度、全方位、深层次的探讨，尤其是对如何防止性侵害的问题进行了系统的阐述，并在操作层面提出了建设性意见。一方面，从研究的视角对所有儿童需要个人安全计划的重要性和父母参与的必要性进行了论述，并分析了当前在帮助儿童防止性侵害方面所面临的问题及解决方案。另一方面，作者从"自尊心、自我肯定技能、通用安全技能"等七个模块入手，为性安全教育提供了实操性的课程模块和操作方案。

从某种意义上来说，这本书不仅仅是一次学术成果的展示，更是作者与家长、教师、相关人员的一次分享与对话。本书精准地反映了大众，特别是教育工作者对于性安全教育存在的困惑和问题。针对这些困惑与问题，作者通过阐述自己对于性安全教育的理解与思考、对自己的实践进行经验总结、分享实施儿童性安全教育课程的方法，有效地进行了回应。依据本书的内容，儿童的性安全技能的教育不再仅限于学校的专门的性安全课程，家长、教师等都能根据书中的建议，将儿童安全技能教育融入生活、课程的方方面面，帮助儿童形成正确的防性侵意识和自我保护知识体系，帮助他们远离性侵害，实现健康的个人成长。

在此书中文版付梓之际，我很高兴将它介绍给大众，特别是教育界的同行。由衷地期望能以此书的出版为契机，促进中国本土化特殊儿童性安全教育在今后的更大发展。

北京师范大学特殊教育学院教授

前　言

儿童保护已经成为大多数西方政府强力推进的一项政策。国际研究显示障碍儿童在各类侵害中风险最高，但是社会、公共、服务和执法系统的关注重点集中在拥有平均智力水平且有复杂社交能力的普通儿童身上。

加拿大、英国及美国的研究者指出，残障儿童的需求常被忽视，第一，因为这些儿童并没有作为一个特定的群体被社会广泛认可；第二，因为服务提供者在应对问题时完全不知所措，以至于他们还没有关注到这类最脆弱的少数群体的特殊需求。

这本书旨在回应教师、社会工作者以及心理学家的特殊需求。他们十分需要这类价格亲民的、教给障碍儿童保护技巧的材料。他们希望有一本书可以为教师和看护者提供关于儿童保护和障碍领域的知识，以及障碍儿童安全保护技能的教学思路。之前，大家都一直使用同一作者编写的一种成人教材，这些成人的服务对象是智力水平在 5~8 岁的普通儿童。他们发现那些理论适用于大龄发育障碍儿童，但是，显然，具体描述方式是不适用的。

儿童心理学家及性教育家朱莉·史密斯（Julie Smith），以及由伦扎·德尔·维吉奥（Enza del Vecchio）、弗朗·菲根（Fran Figeon）和艾利森·皮克福德（Alison Pickford）带领的具有丰富经验的特殊教育教师团队提供了本书的课程构想。所有团队成员都致力于为特殊儿童讲授自我保护技巧。书稿接着由英国保护失聪儿童的先驱者马格雷特·肯尼迪（Margaret Kennedy）、艾伯塔大学侵害及障碍项目（the University of Alberta's Abuse and Disability Project）负责人迪克·绍布西教授（Dick Sobsey）以及来自新西兰哈密尔顿市的简·斯科恩博士（Jan Scown）进行审阅。他们还请特殊教育领域的专家审阅了此书稿。这些人的建议都完整真实地体现在这本书中。

大家普遍认为，为了更加有效，对于儿童安全防护问题必须从一开始就公开坦诚且重点强调几类儿童最易遇到的性侵害行为。当然，有些课程是成年人想要拒绝谈论的，因为当他们首次以公开方式谈论这种问题的时候，往往感到不自在，而孩子们的泰然自若增加了他们的信心。

课程的内容依序编排以帮助培养残障儿童基本安全技能。作者提到这些课程本质上具有普适性，教师需要对其进行调整以适应个别化的需求。人们普遍认为有必要给听觉障碍儿童和视觉障碍儿童提供专门的教材，但是这种高层次专业化的内容超出了本书的范围。

尽管我们创作此书的出发点是鼓励老师、家长和照顾者教导障碍儿童安全技巧，但是书中的观念、方式方法等也适用于普通儿童。

第一部分
PART 1

第一章
所有儿童均需要个人安全技能

儿童保护教育的起源

20世纪70年代，美国将个人安全计划引入学校，目的是为了应对因遭遇性侵害（sexual abuse）[①] 儿童的报道增加所造成的恐慌。性侵害会对受害儿童及家人造成难以愈合的创伤；而大多数此类案件的涉案者并非陌生人，而是受害儿童熟悉且信任的人，为提高公众在这两方面的意识，也是引入该计划的目的之一。

1973年，美国强奸危机干预中心为女生举办了预防性侵害的讲座，内容主要为如何避免"约会强奸"及如何预防被陌生人袭击。同年，俄亥俄州的哥伦布儿童预防袭击计划（Columbus Child Assault Prevention Project, CAPP）促成了青少年综合保护计划的出台。

产生于激进女权运动的模式解释了男权社会环境下的性侵害行为。因此，应当充分教育儿童，告诉他们自己应有的权利及身体所有权，目的是为了让儿童能够抵制那些不恰当的行为并揭发施害人。

1977年，在明尼阿波利斯市律师事务所工作的科迪莉亚·安德森（Cordelia Anderson）成功地引入"连续触摸"（Touch Continuum）这个概念。"连续触摸"可以帮助儿童区分善意、恶意及态度不明的触摸，而对于用意不明的触摸行为儿童要有性触摸的警觉意识。许多研究者（Anderson, 1986; Plummer, 1984、1986; Tobin & Farley, 1990）以及计划的其他参与者将此概念定义范围扩大，以教导儿童有关性侵害的知识，希望降低其发生率。

与此同时，加拿大皇家骑警动员萨里（英属哥伦比亚）学校董事会评估可

[①] 编注：依据国内有关专业人士的译法，并考虑到该词在中文语境中的指代，本书将 sexual abuse 统一译为"性侵害"。

用于儿童保护教学的材料。学校董事会对于这些材料的科学合理性持保留意见，并且认为需要一套包含更多社会参与的综合性教学材料。在这种背景下，一个名叫儿童侵害研究及教育协会（Child Abuse Research and Education, CARE）的非营利性组织诞生了。这个组织用其自留资金组织了一个由父母、教师及教师培训人员组成的团队，以研究并开发一套适用于幼儿园至小学三年级学生的教学资料。1982年，CARE的这套教学资料在英属哥伦比亚和美国华盛顿塔科马市的学校里开始应用。在经历了系统的评估和调整后，目前其第五次修订版正在所有的英语国家中被应用。

1980年，美国政府在准许以多种不同方法向学生讲授个人安全技能，来帮助他们保护自己免受性侵害方面，取得了巨大的进步。到1985年，美国所有的州均实施了儿童保护计划。1987年，研究员芬克尔和斯特拉普科（Finkelhor & Strapko）关注了学校计划的实施效果，并发现几乎没有评估过这些计划对儿童的实施效果。计划的设计者大多是社会工作者，几乎不了解儿童发展的知识，低估了这一计划实施的复杂性（Finkelhor & Strapko, 1987; Krivacska, 1990）。

直到1984年，儿童保护问题才在澳大利亚和新西兰得到较为广泛的关注，而此时英国对这个问题的认识却比较落后。澳大利亚的维多利亚州警察采用了美国的"反欺骗"计划——保护行为（Protective Behaviours），并于1985年在全国推广实施。与此同时，新西兰警方和教育部门审查并否决了一些国外的计划，同时在耗费了大量的金钱后，开发推出了他们自己特有的，同样也是"开放的、符合当地文化的、可发展的、合适的"相关课程，然后在全国的所有学校中为所有年龄段的学生讲授。他们支持儿童早期教育者和课程设置者自己设计教材，并在学校内试用，再评估学生的接受情况，同时收集家长、教师对此的看法。"保护自己安全"（Keeping Ourselves Safe）模式于1987年开始在小学中推行，于1991年经过独立评估，在1994年通过加入新的研究发现得以完善（Briggs, 1991a, 1991b; Briggs & Hawkins, 1994b）。

相比之下，虽然英国人很早就意识到了有责任教育学生注意防火、防洪及注意交通安全，然而对关于学生如何在与人接触时保护自己这个问题则处理得比较缓慢。1986年，米歇尔·埃利奥特（Michelle Elliott）提出"儿童逃脱"（Kidscape）这个概念来告诉5～11岁的儿童什么是"良好的防御感觉"。他主张将自我保护的技能集中应用在如何与欺软怕硬的人或有危险的陌生人的交往上以避免引起争议。被大众普遍接受的个人安全计划仍未出现。英格兰和威尔士均未将性教育和儿童自我保护教育纳入国民教育的课程中，成人的需求依旧比儿童的权利更为重要，并且英国的专业人士仍然可以决定是否报道儿童遭受侵害的事件。

但最重要的是，所有这些计划均是根据身体健全、智力达到平均水平的儿童的标准所制定的，而对于弱势群体如障碍儿童的保护，几乎被所有的以英语为母语的国家忽视了。

儿童保护计划为什么是必需的

所有的儿童在性侵害面前都是弱势群体

无论什么样的年龄、性别、民族、种族、社会阶层及文化背景，所有的儿童都有可能遭遇性侵害。大多数受害儿童是被他们所认识的人伤害的。造成儿童易被伤害的原因有很多。

儿童的力量很弱小

他们的基本生活需求要依赖成人的帮助。某些成人正是以帮助为由，对不具备相应知识和防御能力的儿童进行欺骗，以达到自己性享乐的目的。而如果一个儿童没有接受过任何个人安全技能的培训及性教育，就显得更为弱势了。

缺乏相关知识的儿童对成人完全信任

人们普遍认为5岁儿童的胆子非常大，6～7岁的儿童害怕怪物、鬼、女巫、夜晚的影子以及独自在家。除非接受过自我保护教育，否则8岁以下的儿童会相信大人的所作所为均是恰当且友善的。他们视自己的父母为唯一可以保护他们的人，即使他们的父亲已经因乱伦和家庭暴力而入狱（Briggs, 1991a, 1991b; Briggs & Hawkins, 1993a）。最粗心大意的父母也会将那些在夜晚醒来后感到害怕的孩子抱到自己的床上。

儿童没有判断成人行为动机的能力

施害者通过强迫、欺骗、贿赂、威胁及勒索让儿童做一般情况下不会做的事情。皮亚杰在道德发展理论中已向我们证实了7岁及7岁以下的儿童不具备判断他人做事动机的能力。儿童判断成人好坏的标准是他们的外貌、行为表现、风度，而不是他们做事的意图。施害者经常被儿童看作善良且值得信任的人，因为他们对受害儿童表现得很感兴趣，且善待受害儿童。

儿童受到的教育是服从成人

若没有儿童保护计划，儿童会认为他们必须服从所有的成人，即使儿童深知成人的所作所为是错误的（Briggs, 1991a, 1991b）。这也导致了成年犯罪分子在实施犯罪时几乎不会被拒绝。一旦被教育需要取悦他人时，儿童便显得更加弱小了。

儿童对自己的身体感到好奇

因为男孩在有关性的方面较女孩更为开放，所以他们对生殖方面的问题特别感兴趣。男孩在很小的时候就开始自慰及接受性语言了。他们的"隐私部位"其实并不隐私，他们每日都要在公共厕所中露出来，并且彼此比较形状和大小。他们的性意识会在看到其他男孩被性影响而勃起时被激发。因为传统文化对此的禁忌，有性意识的同辈群体具有男孩所欣赏的神秘群体的特质（Cook & Howells, 1981）。这些群体中的成员会渐渐变得易受伤害，会被青年及成年"捕食者"侵害。恋童癖者一般会以性话题及介绍色情文学的方式激起男孩的好奇心，并假装在对他们进行性教育，这一点常被男孩的父母所忽略（Briggs, 1995）。

儿童缺乏关于性方面的知识

儿童是具有性别的生物。在西方社会，脏话粗口随处可闻，色情文学亦被广泛接受，在新闻报道中也会讨论同性恋及强奸的案例。同时，纪实类节目和电影中也出现很多裸体画面，这将性事带入有儿童的家庭中。家长们忽略了这一切并且假装他们的孩子对于性方面的事情什么也没听见，什么也没看到，什么也没学到。传统的家庭将性视为禁忌，以拒绝性的方式希冀保持孩子在性方面的无知（此处理解为"单纯"）和无性意识。有一个非常普遍的假想（此处可理解为"错误"）说的是即使国际上的研究已经表明，无知以及缺乏相关信息可以导致不安全的性行为和意外怀孕，家长们依旧相信当孩子知道了性的知识后就一定会实践（Goldman & Goldman, 1988）。

在美国，父母只有在参与了儿童保护计划后才会用专有名称向他们的孩子解释"隐私部位"（Wurtele, 1993）。若没有参与这项计划，当提及"隐私部位"时，父母只会用委婉的语言来形容。因为女孩的生殖器官无法直接看到，所以绝大多数父母常用"下面""那里"这些词语来泛指整个臀部、肛门、生殖器区域。因此，直到女孩长大后学会照镜子时，她们才可能知道自己的生殖器官真实的样子。

男孩会被教育在公共场所中要用动物或人名来表达阴茎，其目的是希望没有人能听懂。在一个由6岁男孩组成的小组中，作者发现了20多个表达阴茎的不同词语。其范围非常广泛，从"约翰·亨利（John Henry）""约翰·托马斯（John Thomas）""迪克（Dick）"和"威利（Willy）"一直到"尿尿""公鸡""东西"和"虫"，甚至"蛆"。最不同寻常的表达方式是"高尔夫球套"，因为其内含"一根棍子、两个球和一个袋子"。除非父母意识到这些奇怪的表达方式阻碍了孩子在遭遇不恰当的性行为时获得及时帮助，否则他们通常会认为这些表达非常有趣且有创意。

儿童接收到的信息是，他们可以当众讨论眼皮、耳垂、鼻孔等身体部位，但他们必须保证，在成人面前，生殖器官不能被看到且被提及。儿童领会了，当成人说出"你可以同我讲一切令你困扰的事"时，这里面是不包括性方面的话题的。5~6岁的儿童知道，一旦自己说出或做出哪怕和性有一点点关系的举动，成人就会大发脾气或是抓狂。儿童同时还知道成人有双重标准：他们喜欢做性的事情、看性的图片和电影。当被问到"如何看待成人对于儿童涉及性时表现出的疯狂的反对举动"时，有一些5~6岁的澳大利亚和新西兰儿童这样答道："成人喜欢性，但他们不想看到儿童做出与性有关的举动，他们只想将性据为己有。"（Briggs, 1991a, 1991b）

不幸的是，父母与儿童之间谈话的内容并未随着儿童年龄的增长而改善。在澳大利亚近期的研究中发现，88%的16岁儿童的父母声称他们与孩子"公开讨论"性的话题，89%的父母表示他们同子女讨论安全的性行为及性传播疾病；但是对儿童的采访结果显示，这些并非是真实的。

另一项针对1800名青春期儿童及其父母的研究表明，81%的孩子从未与父亲讨论过性的话题，69%的孩子从未和母亲讨论过。绝大多数家庭将安全性行为、同性恋（须格外关注男性受害者及男性同龄群体中的参与者）和艾滋病这些话题视为禁忌。等到上学时，性教育就显得太迟了且总是将重点放在生育上。

墨尔本拉筹伯大学的多琳·罗森塔尔（Doreen Rosenthal）教授证实，20世纪90年代的父母认为自己是非常出色的性教育者，而这显然有些自欺欺人了（Weekes & Westwood, 1993）。

对于成人的禁忌，儿童是十分敏感的。儿童不愿让父母及老师知晓不恰当的性行为，除非他们确切地知道成人可以客观地处理性的问题。当发现父母不愿谈论涉及性的话题时，儿童是不会将自己经历的性侵害讲给父母听的。

现在学者意识到，将成人的需求摆在比儿童需求更重要的位置上是十分可怕的。欣德曼（Hindman）简要地总结了目前的情况。

对于那些在与儿童交流任何性问题时都会感到不适的成人，一般都会拒绝讨论生殖器，但是这会伤害儿童并向他们传递一种神秘且困惑的信息。一方面，我们希望扩大与儿童交流的范围，并鼓励儿童报告性侵害行为，但与此同时，以拒绝谈论性的方式，我们强调了我们没有能力告诉儿童哪怕有关性最简单的知识。所以目前的状况就是我们不能同儿童讲那些词汇，但如果有人碰了他们的那些"部位""东西"或"下面"，他们又应知道发生了什么，并能主动告诉我们。

缺乏相关知识的儿童没有意识到性侵害行为是错误的

如果没有人教给这些年龄小且有发育障碍的儿童可被接受行为与不可被接受行为的界限，他们则会认为性侵害行为是正常的。当施害者是年长些的儿童、兄弟姐妹及儿童照顾者时，性侵害便更容易发生。未受到类似侵害的成年男性向本书作者表示，虽然他们在童年时了解了性是禁忌，但他对性的定义仅包含了男人、女人和"生孩子"。因而，对于他们而言，在男性环境中，像学校宿舍、体育场更衣室、会议中心、校园内甚至他们自己的卧室，发生的所有事情都与性无关（Briggs, 1995）。幼儿在感受触摸生殖器带来的愉悦时绝不会意识到这种行为是错误的（Cook & Howells, 1981）。

性侵害行为常被解释为爱的表达

那些缺乏安全教育的儿童经常被施害者灌输这样的观点，即性侵害行为是人们通常会对爱的人做的事情。恋童癖者会寻找那些看起来悲伤、孤独、缺乏关爱的儿童。他们称自己有能力满足儿童对感情的需求。他们会在儿童服务中心找到专业的志愿工作，同时他们也会努力寻找机会接近单亲妈妈家庭。他们的满足感源于诱惑过程的各个阶段，在潜在受害人身上投入大量时间，聆听他们的倾诉，帮助他们寻找自信，强化他们的自我意识，获取他们及其家长的信任，然后受害者便会忍受最痛苦的侵害，并把这些苦难看作维系这段关系必须付出的代价。

即使处于同龄群体中儿童也会有遭遇性侵害的风险

那些没有意识到儿童遭遇的侵害是多样的、动态性的家长，让他们的孩子穿梭在儿童服务中心、学校、俱乐部及其他群体组织中，并相信只要自己扮演好司机这个角色，就可以保障孩子的安全。家长们几乎完全相信孩子在群体中是安全的。

在所有同龄男性群体中，男孩都特别容易受到伤害。如果恋童癖者可以证明他们所做的都是正常的，便能轻而易举地说服一个缺乏相关知识的儿童，使他放弃抵抗。那些表现得不情愿或是犹豫的儿童会被形容成奇怪的人："你怎么了？……看，这多有趣，其他人都做呀，我保证你会喜欢的。"

施害者利用男孩害怕成为异类的心理来消除他们的疑虑。在加拿大、美国和澳大利亚，曾有儿童以群体的方式指控施害者。1994年5月，一名施害者被控72项罪名，其中一项罪名是诱骗35名儿童在公共场所中聚众做出性行为。

有一点需要明确，职业、关系甚至性别不是信任的基石，同时，我们也不能教育儿童要畏惧所有的成人。这正是我们有责任提供个人安全教育的原因，此教育可以帮助儿童辨认、避免并报告这些违法行为。

儿童对不恰当的性行为感到困惑

由于父母会因为孩子当众露出生殖器或说脏话而责备孩子，因此，儿童（特别是女孩）在首次遭遇来自成人的性挑逗时会感到震惊且困惑。当施害者给出这一切都是正常的保证时，那些违法行为就看起来没什么异常了。施害者利用儿童的困惑令其服从。

除非儿童具有了相关知识并且有信心去识别、阻止、躲避并报告首次性接触，除非儿童有过被成人相信和保护而非责备的经历，否则侵害会继续，并愈演愈烈。

很少有人鼓励儿童表达他们的焦虑和恐惧

家长们总是出于一片好心，宽慰儿童没有什么要担心的（当儿童惊讶时），且没有什么大不了的（当儿童苦恼时）。绝大多数男孩认为自己必须学会自我依赖、勇敢且坚强。西方将男子气概定义为侵害的对立面。男性受害者不愿意报告性侵害，因为他们害怕一旦被发现有同性恋特征，或是因同性恋而受到侮辱时，他们会被集体开除或遭到排斥（Briggs, 1995; Briggs & Hawkins, 1994a; Cook & Howells, 1981; Hunter, 1990）。女孩因害怕而陷入困境，因为她们一旦报告了家庭内的性侵害，她们的家庭就会破裂，然后她们会被追究责任。

若没有个人安全计划，儿童在危险的陌生人面前是易受伤害的

尽管大多数儿童都接受过远离陌生人的教育，但 378 名 5～8 岁的澳大利亚和新西兰儿童接受学校提供的安全计划教育前后的对比研究表明，缺乏个人安全知识的儿童非常容易被陌生人侵害，因为他们认为：

◇ 他们可以相信所有认识的成人

◇ 他们即刻可以认出谁是陌生人

◇ 陌生人通常都是很容易因长相邪恶、身穿黑衣、目光恶毒且以独特的方式关注儿童而被认出的男性

◇ 看起来善良的成人是善良的

◇ 女人不是陌生人且女人会帮助孩子，是可以被信任的

◇ 老师是不允许陌生人进入学校的

很多 5～8 岁的儿童对危险的男性陌生人的刻板印象十分深刻，他们向（刚刚从国外抵达的）笔者表示自己从未见过一个像笔者这样的陌生人。他们坚决表示笔者不算是陌生人，因为笔者"看起来很善良……像祖母一样，说话的声音听起来也是善良的"，并且"笔者拿着公文包，这代表了她有工作……相反陌生人从不工作，他们只会抢劫及买卖儿童"。儿童将陌生人定义为一半是人，另一半是鬼，陌生人会戴着面具，冲进房内，从床上把孩子绑走，从儿童上下学的路上将他们骗走并杀掉。儿童从他们的父母、同龄人、新闻报道、法制节目甚至电视广告中获取了上述相关信息（Briggs, 1991a, 1991b; Briggs & Hawkins, 1993b）。

因为只是担心这些假想的人物，因此有 75% 的 5～6 岁儿童以及 50% 的 7 岁儿童很确定地告诉研究人员，如果他们在人群密集的地方丢失，他们会寻找并接受具备以下特征的成人的帮助：面带笑容、看起来非常友善，并答应将他们送回家或者与走失的父母团圆。他们表示不会将自己的困境告诉商场的工作人员并寻求他们的帮助，因为"商场工作人员并不知道我住在哪里""带领

儿童回家并不是商场员工的工作""他们不能离开自己的工作岗位""他们可能会把我交给一个陌生人"。他们也表示不会向正在会场、体育场及街道上执勤的警察求助,因为"警察有很重要的事情要做……他们要逮捕罪犯并把犯人送进监狱""他们没有时间送孩子回家""他们会因为我走失而批评我"。尽管儿童知道无论警察还是商场工作人员都有电话、传呼设备以及交通工具,但他们并不认为他们会因此而得到帮助。通过让儿童同老师一起参观一个新的沃尔沃斯商场,并向他们实际演示走失儿童如何寻求帮助以回到父母身边,这些儿童才能针对之前的问题给出合理的答案。

同时,研究中所有5~6岁的儿童都会陪伴那些在学校外面遇到并称自己的母亲病了的女性。儿童认为成人说的都是实话,看上去都很善良,那些知道自己的名字或认识自己父母的人都是朋友。有趣的是,这些儿童中没有一个会在返回学校时向老师报告这些经历,原因一方面在于学生们在放学后都将学校视为"幽灵",另一方面在于他们认为老师的权威仅限于课堂上及教室里。

因此,如果儿童被教条地灌输要对看上去危险的陌生人有所防范,他们对于"陌生人"的定义就会变得主观且具防御性,以至于他们会很快接受看起来面善的成人主动提供的帮助,而忽略了可依靠的资源。

若没有个人安全教育,儿童会视性行为为秘密

儿童性侵害兴起于神秘。大多数儿童会因为说出了家庭的秘密而被训斥或受到惩罚。只有相信了家长或老师会保守秘密的承诺后,很多儿童才尝试分享关于性侵害的秘密。

若没有接受保护教育,儿童则会认为在关于不恰当的性行为方面自己必须保持沉默。他们认为自己会因下列情况被惩罚:第一,公开秘密;第二,报告那些含有粗鲁话或脏话的言论;第三,不好的行为已经出现(即使他们拒绝并逃离了);第四,儿童相信他们的父母会告诉施害者他们的孩子已将施害者的秘密告诉了自己,这会导致儿童受到进一步的惩罚。儿童认为,相比成人实施的不恰当的性行为,公开成人的秘密这个罪过是更为严重的,他们认为

自己的母亲会更支持侵害他们的人，而非支持他们自己（Briggs, 1991a, 1991b）。这种秘密至上的趋势会随着儿童年龄的增长而变得更为明显（Watsons & Valtin, 1993）。

在新西兰和澳大利亚这样充满多元文化的地方，儿童会认为必须对性行为保密，因为"性行为是下流的"且"性行为让成人生气"。下流意味着"你是一个坏人，不会被人喜欢……你就应该受到惩罚……一切都是自作自受"。

研究中的 7 岁以上的儿童坚决不将不恰当的性行为透露给自己的老师及家长的另一个原因在于，他们认为他们的兄弟姐妹或是其他孩子最终也会知道，之后便会嘲笑他们，还可能说出"做出这样令人厌恶的事情简直太愚蠢了"的话，这会令他们深感尴尬。

心理学家发现，成年幸存者会因为自己儿时遭受的性侵害行为而自责羞愧。澳大利亚和新西兰的研究显示，非常小的儿童已有了"责怪受害人"的观念。要是没有接受可以解决这些问题的儿童保护计划的干预，儿童就会相信：一旦有人对自己做了不好的事情，那一定是自己的错，一定是自己做了什么才招致这些的（Briggs, 1991a, 1991b）。

如果父母不参与儿童保护计划，儿童是不会相信他们的父母会保护他们免于非自愿的触摸的

前面提到的研究中的 378 名澳大利亚及新西兰儿童表示，他们曾要求自己的亲戚停止对自己草率的亲吻、过度挠痒痒或其他粗野动作。所有的孩子都表示他们的恳求被忽略了；20% 的孩子表示，他们不相信自己的父母可以保护他们不被其他成人欺负。通常，他们的父母会为陌生人辩护，并且因自己的抱怨而嘲笑他们。亚太岛屿上的孩子们不相信在年长亲戚面前他们的父母保护自己的能力，因为这些亲戚在家族中具有更高的地位。

在参加学校组织的儿童保护计划之前，绝大多数的父母会教育自己的孩子要学会忍受那些非自愿且不舒服的触摸来取悦成人。当孩子拒绝那些年长的女性亲戚或是不剃胡须的叔叔或是带着烟味的祖父给予他们的草率的亲吻或是不

舒服的拥抱时，他们会因为不顾及别人的感受而受到惩罚。

"祖父会因为你不让他吻你而生气。"

"孩子，别哭……这只是在和你开玩笑……不会伤害到你的。"

男孩们也会因为抱怨女性亲戚的草率亲吻和过紧拥抱而受到同样的警告。

5～8岁的儿童认为成人的这些优先特权是异常讽刺的。他们认为成人会彼此袒护，成人不相信儿童。当儿童把某个成人的错误行为告诉他们时，他们会说儿童是在造谣。

当成人在儿童尝试自信的时候不去支持他们，这就会向儿童传递一种强烈的信息，那就是儿童的感受根本不重要。正是这种自我价值低和力量弱的感受导致了受害行为的发生。一个没有接受儿童保护教育的7岁新西兰儿童就此总结出如下情况：

好吧，或许我有权利对不好的触碰说"不"，但意义何在呢？当你同成人讲这些时是不会有任何好处的。有时可能使情况变得更糟。当我让他们停止时，他们反而觉得这很有趣且会做得更多。我已经决定沉默并且容忍，我想这应该才是更好的解决办法。

相比之下，当父母参与了这项计划之后，他们会在保护孩子的意愿方面表现得更为主动，会同其他的亲属解释，他们的外孙或是侄子仍然爱着他们但不希望再被亲吻了。他们了解了儿童的感受并帮助儿童做自己，这增加了儿童的信心和信任感。

性侵害对于儿童的发展是毁灭性的

不幸的是，不管受害人是否喜欢施害者的行为，过早的性行为可以毁掉儿童的一生。有一些被侵害的儿童变得沉迷于性，然后他们公开的性行为会吸引其他的施害者，因而会增加多重且更暴力的侵害风险，侵犯就成了一种生活方式。沉迷于性的儿童会利用曾施加在他们身上的引诱技巧对同龄人或更小的孩子实施侵害行为，从而产生了下一代受害群体及施害者。那些被男性性侵过的男孩最有可能继续性侵其他男孩；被女性性侵的女孩则会继续侵害女孩。那些同时被男性和女性施害者性侵过的儿童很有可能既侵害男孩又侵害女孩（Briggs & Hawkins, 1994a）。知道性可以取悦成人的受害者可能会将自己作为侵害对象，与老师或同性别更年长的儿童发生性行为。不知情的工作人员通常会给他们贴上淫乱的标签。

在很小年龄就经历性侵害的受害者，当他们长大成熟，意识到自己曾经被"利用"和上当受骗后，会感到巨大的犯罪感、自责感及愤怒感。性侵害与后期的毒品滥用、酗酒及企图自杀呈高度正相关。

绝大多数幸存的受害者在经历了自卑期后会很难相信他人并建立正常的关系。男性幸存者通常感觉自己生活在一个性空虚的氛围中，不仅不相信男性（如果遭同性侵害），也无法回应女性的情感需求。男、女幸存者都可能在精神及身体上处于不健康的状态中，以致被解雇（Bagley & King, 1990; Briggs & Hawkins, 1994a; MacFarlane & Waterman, 1986）。

对于"保证安全"，儿童需要知道什么

个人安全教育的宗旨就是，在性侵害行为变得更严重之前，要教给儿童足够多的知识，让他们有能力安全回应。这并非让儿童自己担负起自我保护的全部责任（Adams, 1986）。若不强调这一点，可能导致受害人产生为自己被欺骗而负责的想法（Mayes et al., 1992）。

为保证安全，儿童需要具备以下能力：

◇ 既尊重自己的身体，也尊重他人的身体
◇ 可以辨认潜在的危害情况并采取措施保证安全
◇ 避免并报告那些跟他们说脏话，给他们看不雅照片、杂志、录像的大龄儿童和成人（这些是常见的严重的侵犯前兆）
◇ 可识别并拒绝包含不恰当性行为的秘密小把戏、贿赂、勒索和威胁
◇ 不管施害者与儿童是什么样的关系，都可识别、远离并报告不恰当的性

行为

◇ 发生紧急情况时寻求帮助，告知可以信赖的人直到安全得到保证

掌握这些技巧需要非常复杂的学习过程，并且其中很多规则都有悖于父母教授给孩子的知识。当然，我们无法确保儿童在需要时会运用他们的知识。我们永远都不能低估父母教授的东西对儿童产生的影响力以及恋童癖者使用的诱饵的吸引力。当儿童不清楚自己的权利以及对不可接受的行为缺乏认知时，他们最容易受到伤害（Finkelhor, 1984）。

参与儿童保护计划的儿童比没参与的儿童更不易被伤害

100 名不同文化背景的儿童性骚扰者在近期的采访中表示，他们会选择无知且力量弱小的受害者，而不会选择那些自信、有相关知识的儿童。更重要的是，当父女乱伦的受害者也参与了学校计划并谴责她们的父亲后，有一些男性告诉他们的孩子"做正确的事并报告出来"（Briggs & Hawkins, 1994a）。他们证实了布丁和约翰逊的发现（Budin & Johnson, 1989），与缺乏相关知识的儿童相比，那些参与了儿童安全计划的儿童很少会被选择作为侵害行为的受害者。

什么组成了一个有效的计划

评估儿童安全课程效果的常用方法是评估孩子在接受这门课程前后对相关知识掌握程度的变化。他们可以记住老师教的内容吗？更重要的是，他们可以在各种有关联但不同的情况下灵活运用这些知识吗？

研究表明，哪怕是仅接受了最短课时的课程计划的儿童，也获得了一些安全知识，但最成功的计划是：

◇ 让父母在任何阶段都参与，他们可以在家中强化概念并提供机会让儿童实践问题解决策略并获得新的技能

◇ 将儿童的具体活动都联系到一起

◇ 运用视—听结合教学资料来加强学习效果

◇ 融合那些适合儿童发展阶段的概念

研究表明，最好的学习是将信息、角色扮演以及学习并实践安全技能的机会融合在一起（Wurtele, et al., 1986）。教学必须公开、真实，用儿童自己的语言，以便于他们可以清晰地区分对与错（Conte, Rosen, Saperetein & Shermack, 1985; Downer, 1984; Gilbert et al., 1989; Mayes et al., 1990; Saslawsky & Wurtele, 1986）。幼小且有发育障碍的儿童很难理解模糊的暗示、概念，很难把它们与复杂的侵犯情况联系起来。例如，孩子们几乎不会将没有用手进行的"口头性骚扰"视为"不安全"或"非自愿的触碰"。

在一项关于25个美国计划的调查中，芬克尔和斯特拉普科（Finkelhor & Strapko, 1987）证实了，最见效的计划就是最复杂的计划，它持续了最长的时间，涵盖了最广泛的儿童群体和最高频的强化机会。最低效的计划就是那些仅依赖于抽象概念的计划。

澳大利亚的（威斯康星）保护行为计划和新西兰的"保护自己安全"计划的效果对比研究结果显示，虽然刚开始时所有儿童在问题解决技巧方面的能力都有提高，但一年后，新西兰儿童的得分有了显著的增加（Briggs, 1991a, 1991b; Briggs & Hawkins, 1994b）。在新西兰，学校将该课程列入教学中，并提供教材，这种模式更多地被作为一种生活方式，而非仅仅是教学策略。绝大多数澳大利亚教师忽略了儿童权利中很重要的一方面，即儿童可以对成人、成人的秘密以及不适当的性行为说"不"。澳大利亚的父母关于安全也存在错误的认识，那就是他们认为学校已经教给儿童关于保护自己安全的所有知识。他们的孩子认为保护行为策略仅适用于在学校里与同龄人的接触，他们依旧需要服从所有成人、保守成人的秘密且容忍非自愿的触碰。

在最成功的学校安全计划中，父母全程参与，每周在一起讨论孩子们所学的内容，以及怎样评估且巩固儿童所学的知识。这就意味着，个人安全策略可作为一种生活方式被采用。在新西兰的研究中，那些影响儿童获取安全知识的因素并非他们的年龄、性别、智力水平或种族，而是他们的父母是否关心他们的安全并且在家庭中强化计划中涉及的概念。

悲观主义者这些年来一直贬低学校教授的儿童保护计划,因为尚无证据表明儿童在真正遇到人身危害时运用了所学的策略。戴维·苏克尔(David Finkelhor)及其在新罕布什尔大学的同事们在1993年的研究中发现,儿童能够运用所学的策略来阻止并报告侵害行为,这对先前的悲观主义论调提出了质疑。在美国童子军的赞助下,研究人员采访了440个不同学区的2000名儿童及其家长。67%的参与者曾接受过个人安全教育,且接受过综合性安全计划教育的参与者在安全知识方面得分最高。研究人员调查儿童在上一年经历侵害的情况,发现25%的孩子运用策略保护了自己,且另外25%的儿童运用这些策略保护了朋友。在安全知识方面得分最高者最有可能运用安全知识,主动报告事件并为自己的行为感到骄傲。研究人员发现,尽管学校计划并不一定能够阻止侵害事件的发生,但它们确实降低了该类事件的严重程度并增加了报告率。

父母的全面指导和参与将促进儿童掌握相应的应对技巧及知识。父母的参与也会促进儿童阻止严重的侵害行为并报告出来。见多识广的父母通常是最易接近并最有可能以心理上安全的方式鼓励儿童报告出来的人。

若没有接受过儿童安全教育,父母很难知道如何保护儿童安全

若没能从儿童保护计划中受益,父母不知道如何让孩子学会自我保护(Berrick, 1988)。他们会低估性侵害造成的危害,他们对于侵害的迹象和施害者的特征会存在不切实际的设想。在梅斯等人(Mayes et al., 1992)的相关研究中,5%的父母认为儿童表现出的对性的好奇导致了性侵害的发生,其余的父母认为施害者都是存在精神异常的。父母认为只要家族内没有精神病遗传史,他们的孩子就是安全的,并以此安慰自己。

一项关于父母的调查显示,只有29%的美国父母及25%的澳大利亚父母会同他们的孩子讲一些个人安全的知识。在这两个国家中,父母几乎不警告他们的孩子要防止在车内被陌生男子拐骗(Briggrs, 1987; Finkelhor, 1981; Mayes et al., 1992)。他们总是有很多理由去推迟告诉孩子相关信息,如"明年再说""等孩子长大了再说""直到孩子问我再说"。当然,当父母很明显不能解决这

些问题时，让孩子主动询问有关的问题是不现实的。在美国和澳大利亚，无论儿童处于什么样的年龄，他们都被认为太小了以至于不能接受安全教育。

若儿童缺乏安全教育中如何报告的相关知识，儿童受害者对于侵害行为只会给出暗示

儿童受害者相信他们的父母已经知道自己都发生了什么，可能是因为施害者说的"别打扰你妈妈了，她知道我都做了什么并且她会同意我的"，也可能因为父母给了孩子一种他们什么都知道、什么都看见了的全能印象。当母亲说"我知道你想的是什么"时，孩子就会相信她。

此外，儿童会用施害者的语言及孩子的口吻表述发生的事。因此，儿童认为当他们做出如下陈述时，就是在表达不恰当行为了：

"我不喜欢他给的冰激凌的口味。"

"他有魔法棒。"

"我不喜欢……他/她很小气（他/她很粗鲁）。"

"我不喜欢他逗我的方式。"

"妈妈，做这些有趣的事，是对的吗？"

"我有一个不能说的秘密。"

"我不喜欢他跟我玩的游戏。"

"他穿了条非常有趣的内裤。"

同时，无论儿童是否被教过如何报告的技巧，他们都相信这些陈述代表了求救，他们那些没有准备的父母和老师或是忽略了这些暗示，或者以如下的陈述来回答他们：

"我们不得不保守秘密。"

"我们都不得不学会容忍别人的嘲笑。"

"他玩游戏，是因为他喜欢你。"

"如果他既风趣幽默还能逗你笑，那太美妙了。"

相比之下，参与到保护教育的父母或教师更有可能会问如下问题：

"你在哪里看到他只穿了内裤就走来走去？"

"告诉我他哪里让你感到喜悦？"

"你们怎么玩的游戏？谁和你们一起玩的？"

"如果你公开了秘密会怎么样？谁这样说的？还有谁知道这个秘密？"

这些简单的问题可以帮助关注到这个问题的成人评估问题的严重性，并讨论预防非自愿行为的策略。

若缺乏综合性安全计划教育所教授的知识及培养的自信，儿童将不敢冒险把这个可怕的秘密告诉给最爱他们的人，因为他们害怕爱会因此而减少。孩子们知道他们的母亲会因此感到沮丧。当施害者还与他们的母亲存在亲密关系时，这种感觉就体现得更为真实（Briggs, 1991a; Briggs & Hawkins, 1994a & 1994b）。

若缺乏儿童保护教育知识，成人将无法意识到受害人发出的求救信号

贝里克发现（Berrick, 1988），若没有参与儿童保护计划，当性侵害发生时，父母将不知道该寻找什么证据。除非家长和专业人员非常了解儿童遭遇性侵害后的反应，否则他们会忽略种种迹象和症状，并把它们看作儿童在发育过程中很正常的一个过渡时期。当这些迹象和症状出现得过于频繁时，受害者就会被贴上伴随行为和学习问题的"情绪紊乱"的孩子这样的标签，而导致发生这些问题的原因却从来都没被调查过。绝大多数教师和儿童照顾者会为遭遇性侵（当然他们并不知道）的儿童在性格和情绪上的改变寻找日常解释，只有调查了其他所有可能性，并发现不成立时，他们才会意识到儿童可能遭遇了性侵害。事后家长及老师才会意识到在发现性侵害之前，受害者已经给出了很多不同的线索。当孩子发出很明显的求救信号后，若未接受过特定的教育，无论家长还是专业人员都不太可能以一种心理援助的方式来回应这类求救。信息的接收者通常会感到尴尬，或指责受害人说谎，或将此类信息解释为正常的情感

表达行为。他们要不然就选择忽略，要不然就将受害者的指控告诉施害者，以免除自己的责任。这就导致受害者在揭发侵害行为后，必定受到惩罚，或恐吓增加，或侵害继续。当自己信任的成人不支持自己时，儿童便接受了受害者这个角色，认为自己无助、绝望且不值得得到帮助。

若缺乏儿童保护教育，成人易将性侵害的迹象误作正常的性好奇的迹象

若缺乏儿童保护教育，父母和专业人员将无法区分正常的性好奇和性侵害迹象。施害者将利用他们这种模棱两可的认识再次占便宜，实施侵害。儿童对自己身体的结构感到好奇，并且这种好奇会随着性别差异意识的发展而有所增加。儿童正常的好奇包括触摸自己的生殖器官或问他人可不可以看他们的生殖器官。参与的双方权利相等——"你看我的，我看你的"。

教师、儿童照料人员及父母有时候会看到儿童对比他们年龄小的孩子做出与性相关的举动。这时需要确认这种行为到底是正常的好奇心的表现还是一个或多个孩子在实施性侵害。一般情况下，当存在明显的年龄、力量、身高及认知的差距时，或者至少有一个参与者运用威胁、贿赂、诱惑、勒索、暴力、玩笑或是以参与一个秘密为由来得到受害者的配合时，就很有可能是在实施性侵害。当发起人实施性行为、运用与成人有关的语言及看色情文学时，他们也可能是性侵害行为的受害者，这种可能性也是存在的，例如，当儿童询问他人是否喜欢抚摸生殖器时。当儿童沉迷于在客厅内讨论与性有关的问题时，他们在玩洋娃娃并与之交谈时，都存在这种可能性，就是他们过早地了解了性，无论是口头的还是行动的，这都不是儿童正常好奇心的表现。

很多时候，专业人员忽略了这些沉迷于性话题及性行为的儿童。他们认为儿童是看见自己的父母间的性行为或是在家看了色情录像。不幸的是，很多儿童可以接触到色情文学。这是一种应该被报告的性侵害形式。那些看色情文学的父母会说自己的孩子还小，还不能理解那些描述，从而将自己的行为合理化。应该提醒这些父母，儿童一直在学习，当他们看到色情文学时就会学到扭

曲的性角色。女孩会误以为被抽打、被绑在床上强行发生性行为是正确的，男孩会误以为女孩喜欢男孩这样的行为。我们同样应该意识到施害者通常运用色情文学来激起孩子的好奇心，然后劝说孩子按照他们看到的去做。

不幸的是，解决儿童性侵害的问题，没有捷径可以走。我们不可以通过告诉孩子一套或几套方法来教给他们安全技巧。应提供持续教学，通过提供合适的成人示范和增加儿童实践技巧的机会，强化教学效果。最有效的计划应是将安全方法作为教学策略应用于班级的管理中，并贯穿在学校的整个课程中。当照顾者存在粗心大意或保护过度的问题时，有必要通过提供支持和积极强化改变这一状况。

第二章
障碍儿童为什么需要个人安全计划

障碍儿童遭受性侵害的风险最高

美国和加拿大的研究表明，障碍儿童遭遇性侵害的风险比普通儿童高出3～7倍。森总结大量研究后得出（Senn, 1988），69%的障碍女孩和30%的障碍男孩在18岁前就遭受过性侵害。在一项西雅图的研究中发现，仅仅在这一个城市里每年就有约500名障碍儿童遭到性侵害。只有20%的案件被报告了，且99%的施害者都是受害者信任的熟人（Watson, 1984）。这样的现状震惊了整个社会。很多人想当然地认为障碍儿童是不会遭到性侵害的，因为依据大众审美的标准，他们不具有性方面的吸引力。另一些人知道有风险的存在，但也选择忽视它们，要么因为他们认为这个问题处理起来太难了，要么因为他们错误地认为障碍儿童已经在某些方面存在缺陷了，就可能不会被那些他们可能不理解的东西再伤害了（Watson, 1984）。

发育障碍儿童遭受性侵害的风险最高。68%的智力障碍女孩在18岁前就遭受过侵害（Susan Hard, 1986, 引自 Senn, 1985, 第5页）。25%处于青春期的智力障碍女孩经历过被强奸或试图被强奸（Chamberlain et al., 1984, 引自 Senn, 1988, 第4页）。1/3的施害者是她们的父亲或长辈。

有听觉障碍且无口语能力的儿童遭遇性侵害的概率显著高于普通儿童。英国和美国的研究表明：

◇ 超过50%的男性听觉障碍儿童遭遇过性侵害
◇ 男孩被侵害的风险高于女孩
◇ 听觉障碍儿童在寄宿制学校中遭遇性侵害的风险高于家中
◇ 25%的有听觉障碍且无口语能力的儿童在学校和家中都被侵害过
◇ 参与情绪紊乱干预计划的听觉障碍儿童中80%～100%的听觉障碍儿童是因为遭遇性侵害而参与到这项计划中的

◇ 受害者很少能够获得针对因性侵害而精神受损的治疗（Kennedy, 1989; Mounty & Ferrerman, 1989; Sullivan, Vernon & Scanlon, 1987）

尽管存在这样高的风险，障碍儿童的保护问题仍然很少被关注。

重度障碍儿童常被限制在特定的社会环境中

与普通儿童相比，重度障碍儿童通常生活在更为局限的环境里。当儿童乘坐特殊的交通工具去特殊教育学校、某医疗或培训机构时，他们很少有机会和同龄的孩子建立正常的人际关系。他们常常执行由老师、照顾者、治疗师和医护人员安排的严格的生活作息。他们与安置环境外的成人行为标准脱离了。因此，对于这些儿童来讲，区分适当和非适当的触摸就更为困难了。因缺少独立的机会，他们错过了学习解决问题、做出决定及建立自信等能力的日常机会，而这些对于普通儿童来讲并不困难。

另外的一个风险就是，不同的成人照顾者有不同的行为标准，对与障碍儿童之间的关系也有不同的要求，这也在不知不觉中增加了他们遭受侵害的可能性。智力障碍儿童经常被允许甚至被鼓励要对那些来到他们家中或学校里的陌生人不分亲疏。

因为这些原因，在施害者眼中，障碍儿童是理想的侵害对象。美国那些恋童癖者俱乐部就曾在出版的杂志中建议读者选择唐氏综合征儿童，首先，这类儿童易于辨认；其次，这类儿童普遍被认为比较容易相处且渴望去讨好别人；最后，这类儿童是"安全的"目标，因为即使他们起诉，警察也不愿意采用司法程序让他们当庭指认施害者（Husler, 引自 Sank & LaSleche, 1981; Shuker, 引自 Longo & Gochenour, 1981）。

重度障碍儿童缺乏操控力

儿童运用操控力的能力与渴望被接受的需求相关，他们越是渴望被接受，其运用操控力的能力就越低（Wurtele, 1987）。障碍儿童是最有可能感到没有自信、孤独和无能为力的（Kennedy, 1991）。

那些在基础需求方面依赖他人的儿童被训练得非常服从、有礼貌，对成人非常友善且严格按照他们说的去做（Senn, 1988）。他们必须遵循治疗的要求且顺从地接受一切有关生活支持方面的治疗。成人与儿童在操控力方面存在差距，这在智力障碍儿童、听觉障碍儿童、不会说话的儿童、情感障碍儿童和在基本生活方面依赖他人的儿童身上表现得更为明显。沟通技能的不足将加深这种服从程度和无力感。

缺乏人身自由会导致被动，同时，被动会增加遭受侵害的可能性。换言之，听话、顺从的孩子在面对侵害时也是最脆弱的。

障碍儿童在触摸的数量和性质方面处境不利

相比于普通儿童，障碍儿童会受到更多成人的管制。他们在个人卫生和基本护理方面也可能依赖他人。

由于照顾者在儿童的生活中扮演了一个较为完整的角色，强烈的情感依赖通常就随之形成了。在大多数情况中，这是有益的，但由于过长时间的依赖和照顾者数量的增加，儿童遭受性侵害的风险就增加了（Senn, 1988）。

在寄宿制环境中员工工作的安排经常将儿童和照顾者置于尴尬且高风险的情境中。夜间的工作人员通常是男性，有时他们需要照顾女性青少年甚至需要处理比较私密的问题。男性青少年在白天经常由女性员工照顾。对于因跳水或交通等事故而失去自理能力的男孩来说，让他人处理自己的卫生和如厕问题会令双方感到特别尴尬。女性员工以取笑男性生殖器（特别是当其勃起时）的方式掩饰不适。

员工的工作安排经常剥夺了员工和寄宿者在决定由谁提供个人护理方面的选择权。这既增加了儿童的无力感，也给儿童和照顾者带来了不必要的风险。

这样的员工工作安排暗含了一个假设，即障碍青少年对令人尴尬的情境不敏感，换句话说，他们的感受无足轻重。当员工提出异议，有医学背景的管理者会以"医院既招男护士也招女护士来共同护理病人（不管男女）"这样的理由为自己的安排辩解。这样的辩解是不能被接受的，首先，障碍青少年并未生病；其次，他们居住的环境是家庭而非医院；最后，我们无法认定医院里的病人会不会为自己不能如厕而感到尴尬，毕竟绝大多数病人并未被问过这样的问题。

下表显示了重度肢体障碍的儿童在性接触问题上处于非常不利的地位。该表也表明了儿童家庭及学校所有人员参与个人安全教育的重要性。

加尔里翁等人证实了（Garbarion, et al., 1987），当障碍儿童遭受性侵害时，施害者经常是那些在日常生活中为他们的私密方面提供照顾的人。

绍布西也指出（Sobsey, 1994），对艾伯塔大学侵害和障碍项目中 215 个案例的分析得出，67% 的施害者通过为障碍人士提供特殊服务接触受害者，并且有超过 50% 的施害者是针对受害者的障碍方面提供服务的在职员工或志愿者。被年纪稍大的、同样具有障碍的、偶遇的同龄人侵害的风险也是非常高的。绍布西总结道："……障碍儿童遭受性侵害的风险很多源自他们接触的服务机构。"

由于障碍儿童最有可能被自己的照顾者实施性侵害，预防并报告这些侵犯行为就变得极为困难（Conte & Berliner, 1981; Frinkelhor, 1979, 1986）。如果儿童冒着失去与最主要照顾者之间至关重要的联系的风险，他们就不太可能对侵犯行为提出抗议（PACER, 1986）。更重要的是，施害者通过让受害人在精神和身体上都依赖自己，与受害者建立特殊的关系来方便实施侵害。如果儿童表现出抵抗，施害者会以不再提供必要的照顾来威胁他们，最终摧毁他们的抵抗。当儿童表现出不愿意和拒绝时，这样的威胁非常有效。当儿童信任的人向他们保证即将发生的行为是非常正常的、是喜欢他们的表现时——"你知道的，我不会让你做错的事情。记住，我是那个照顾你的人。这不会伤害到你，不是吗？加油，你知道你的确喜欢这样的"，儿童仍会感到困惑。

因而，接下来的这个发现也就不足为奇了。绍布西发现涉及障碍儿童性侵的案例中只有 14% 被报告了，只有不到 8% 的施害者被起诉，其中只有 8% 是无罪的（Sobsey, 1994）。

第二章 障碍儿童为什么需要个人安全计划 27

触摸：普通儿童

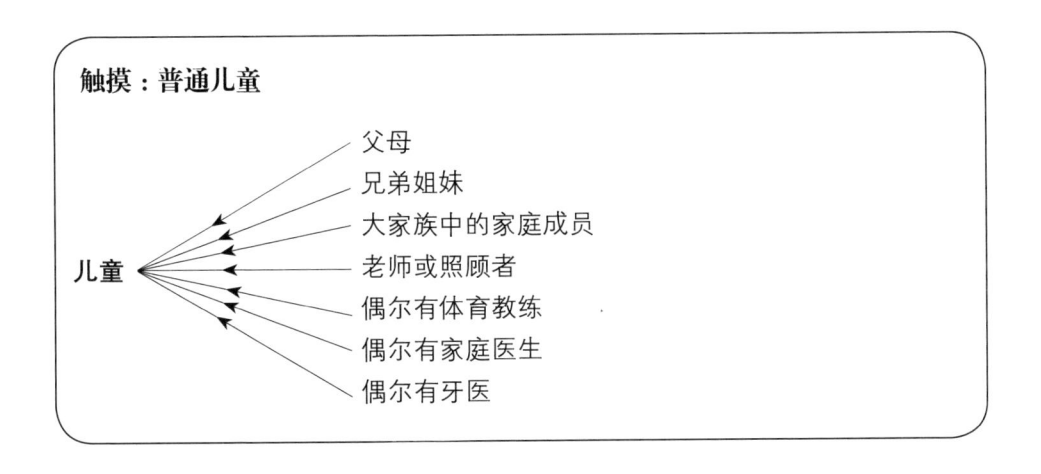

儿童 ←
- 父母
- 兄弟姐妹
- 大家族中的家庭成员
- 老师或照顾者
- 偶尔有体育教练
- 偶尔有家庭医生
- 偶尔有牙医

触摸：重度障碍儿童

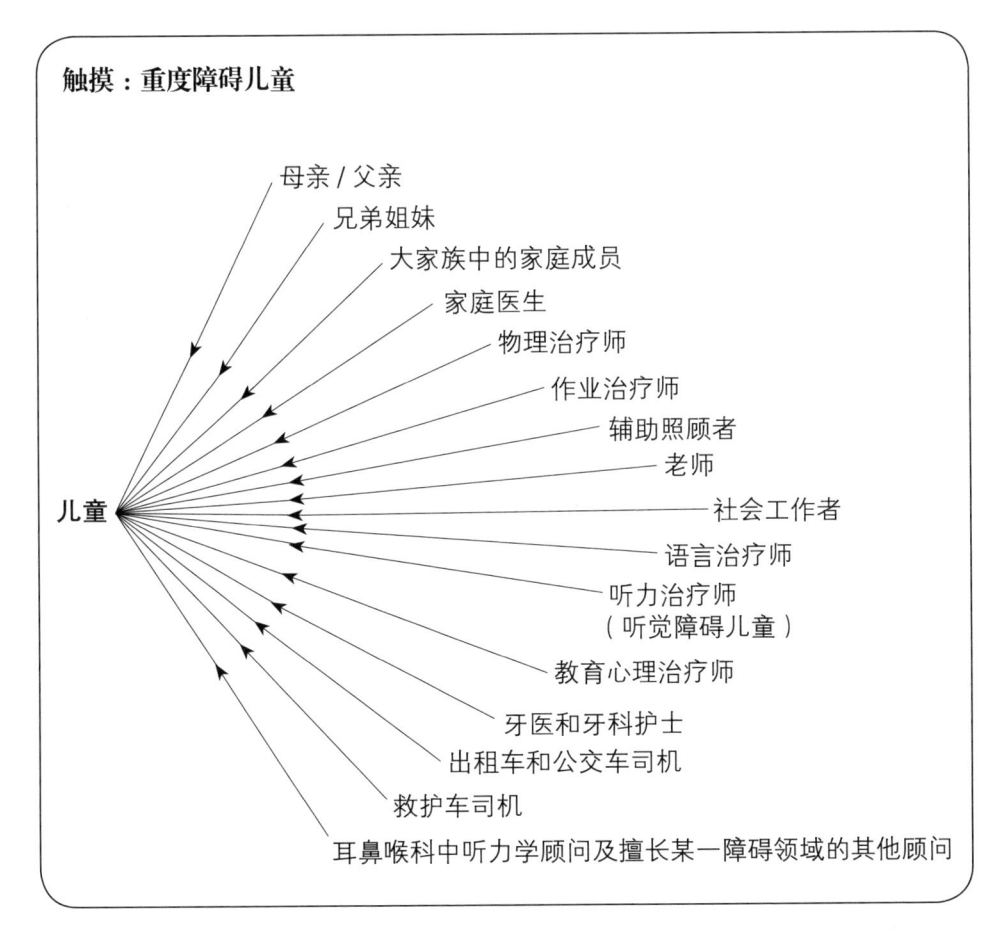

儿童 ←
- 母亲/父亲
- 兄弟姐妹
- 大家族中的家庭成员
- 家庭医生
- 物理治疗师
- 作业治疗师
- 辅助照顾者
- 老师
- 社会工作者
- 语言治疗师
- 听力治疗师（听觉障碍儿童）
- 教育心理治疗师
- 牙医和牙科护士
- 出租车和公交车司机
- 救护车司机
- 耳鼻喉科中听力学顾问及擅长某一障碍领域的其他顾问

施害者往往利用的就是儿童的模棱两可，所以要让障碍儿童学会区分可接受和不可接受的触摸，并且知道怎样拒绝，以及报告那些不可接受的触摸。但是，我们千万不要低估当施害者是照顾者时，儿童行使权利所存在的困难。

障碍儿童缺乏性教育

为了保护儿童免于遭受性侵害，除了提供个人安全计划，适龄的性教育也是必不可少的，这一点已得到广泛认可（Krivacska, 1990）。降低障碍儿童遭受性侵害的概率是特别重要的（Monat-Haller, 1992; Sobsey & Mansell, 1990）。了解性相关知识对于识别性侵害是必要的；进一步来讲，只有能够识别性侵害，才能有效降低风险。除非儿童知道一些关于性接触的事，否则他们不能在参与过程中做出明智的选择（Sobsey, 1994）。

讽刺的是，需要在个人卫生方面依赖他人的儿童是最不可能被告知有关身体或应有权利的信息的。哈德在关于障碍女性的研究中发现（Hard, 1986），缺乏性教育与遭受性侵害间存在的正相关程度令人吃惊。研究中智力障碍女性里仅有12%接受过性教育，其余未接受过性教育的智力障碍女性均遭受过性侵害。绍布西（1994）也证实了障碍程度越高，遭受性侵害的风险也就越高。[1]

儿童并不是无性的。如果不能教授他们有关身体的知识，他们就会从其他人那里获取不正确的信息。在相对封闭的寄宿机构中，儿童也可接触到色情文学（Sengstock & Vergason, 1970; Senn, 1988）。未受教育的儿童遭受照顾者或年长寄宿者性侵害（Musick, 1984），或者看到其他人被性侵害的风险也很高（Duffet, 引自 Senn, 1988, 第43页）。哈德（1986）及其他研究人员发现，障碍女性获得的所有的性知识都来源于被侵害的经历。正如森所说，这种情况是不可容忍的。

研究人员表示，父母、照顾者和教师经常否认障碍儿童是有性的，并且不

---

[1] 原注：关于障碍儿童性教育的进一步资料，请见布朗（Brown）和克拉夫特（Craft, 1989 & 1981）的相关文章。目前有很多用于指导课程发展的资料，但缺乏满足所有学生需求的标准培训资料。应依据每个学生的情况和能力设计课程。

愿为障碍儿童提供性教育或儿童保护计划。健康的性好奇被抑制了,这就导致青少年没有机会来满足他们对性的需要。这进一步增加了性侵害和受害的可能性。当儿童不明白即将发生什么事情时,他们不太可能对不恰当的行为说"不"(Bomberg, 1986; Forchuk et al., 1984; Goodman, 1973; Hard, 1986; Moglia, 1986; Rose, 1986; Sengstock & Vergason, 1970; Senn, 1988)。如果儿童持续被忽略,他们应对施害者提供的刺激的能力就会变得很脆弱。风险最高的是那些远离家庭、缺乏人际关系、自由和关注的儿童(Senn, 1988; Mitchell, 1985)。让障碍儿童意识到并拒绝诡计、贿赂和勒索等施害者常用于受害人的手段是最为困难的(Pacer, 1986)。绍布西(1994)证实了,儿童的障碍程度越高,遭受性侵害的风险也就越高。

当受害人是障碍儿童时,性侵害的报告常常被忽略

国际研究显示,与普通儿童相比,障碍儿童报告的性侵害并不能得到严肃的处理,并且施害者常常会被认为是无罪的。障碍儿童得不到保护的原因包括:

◇ 关于性侵害和障碍的误解。如果我们认为性侵害都是由陌生人实施的,而且他们基本上不会选择那些在性吸引力方面不符合大众标准的人作为性行为对象,那么我们就会无意识地忽略那些求救。

◇ 人们认为儿童和障碍人士都是(且应该保持)无性的。如果接受了已发生的性侵害这一事实,信息的接收者不得不面对障碍和性中令人不快的方面。当我们否认儿童的性意识时,我们就可以自欺欺人地认为是儿童误解了发生的事情,或者他们的精神有点异常,或是他们撒了谎。近期一项对南澳大利亚障碍儿童服务中心 80 名专业人士的调查显示,保健人员中没有一个人,老师中也仅有 2 名愿意报告智力障碍儿童或严重肢体障碍儿童遭受的性侵害(Briggs, 1994)。障碍儿童最难以取得他人的信任。许多专业人士说,他们会告知被起诉的施害者,如果确有其事,应立即停止侵害行为。令人吃惊的是,参与这项研究的所有专业人士

都有权利向执法机关报告可疑的儿童受虐现象。
◇ 当主流学校的老师在接受在职培训时，特殊教育机构的老师和照顾者却因隔离而被忽视。他们很难获得用于教学个人安全技能的材料；当孩子遭遇侵害时，他们也很难得到支持。理想的破灭也会抑制报告性侵害。当执法机关没有对指控进行调查，让施害者仍逍遥法外、继续对障碍儿童实施性侵时，认真尽责的老师也只能愤世嫉俗。
◇ 当受害者提出起诉时，成人总是勾结在一起保护彼此，特别是当施害者就是专业人士和照顾者本人时。

提到性侵害，大多数成人都会感到尴尬。无论专业人员还是父母都没有足够的准备来接受这种公开。当家庭、机构、同事或父母的声誉处于危险中时，那些不了解儿童保护重要性的工作人员很可能带着强烈的集体荣誉感选择支持那些被起诉的人。那些对这样的管理制度表示担忧的专业人士往往会被这些员工以各种理由劝服，如他们误解了自己所看到或听到的，施害者做梦也不敢做出这样的事情，他/她（施害者）是爱这些孩子的。报告者反而被认为是思想肮脏的捣蛋鬼。他们最终因"愧疚"而不再支持受害者。

儿童知道成人间都是相互勾结的，这也是为什么他们不愿去揭露成人在性侵害方面的可怕秘密（Briggs, 199a; Briggs & Hawkims, 1994b）。

性侵害报告的处理方式涉及针对女性的性别歧视

苏珊·哈德关于智力障碍女孩的研究中发现（Susan Hard, 1986），受害者的性别可以决定他们在报告性侵害后是被忽略还是被帮助。报告性侵害事件的女孩中超过一半的人无法得到信任，但是所有男孩的报告都得到了认真对待。报告可以阻止全部（100%）的男孩遭受性侵害事件，但是在女孩中只有25%的性侵害事件可以被阻止。当女孩不能得到信任时，她们中有55%的人会继续遭受性侵害。

因而，教育父母、照顾者和学校教职工保护那些报告性侵害的女孩，显得尤为重要。我们也需要反省自己对于异性恋和同性恋的态度。

◇ 我们是否把男女性关系看作"正常",所以其造成的伤害就小于同性恋?
◇ 我们是否认为男性成人对男孩实施的性侵害更为堕落,所以就认为其造成的伤害要大于男性成人对女孩实施性侵害造成的伤害?
◇ 我们是否由于同性恋被社会禁止,就认为应该保护男孩免受同性侵害,但是异性间的性侵害不算什么?
◇ 我们是不是存在这样的误解,即障碍女孩在性方面不具备吸引力,因此受害行为是受害者自行要求的?
◇ 我们是否认为女孩的话都是"瞎编"的,但男孩都值得信任?

并没有证据表明,发育障碍或者其他障碍儿童在公开遭受侵害方面不如其他儿童值得信任。相反,因为智力障碍儿童更不善于说谎,所以他们口中遭受性侵害一事更有可能是真实的(Blomberg,引自 Senn, 1988)。

由于沟通困难,障碍儿童特别弱小

存在语言和听觉障碍的儿童非常容易遭受性侵害,因为他们或许用着不同的沟通方法,或许相对于大多数人来说有着更差的沟通技巧。语言能力较差的脑瘫儿童、孤独症儿童或其他沟通障碍儿童很难拒绝并报告性侵害。他们几乎不知道如何与成人沟通敏感问题。他们是最难以获得可靠的性知识的群体,并且经常意识不到成人与儿童间可接受与不可接受的行为的界限。直到最近,才刚刚有指代和用于沟通与性相关事物的符号。而眼下儿童几乎都接触不到这些符号。

当老师和家长提供个人安全教育和性教育时,有沟通障碍的儿童可能会错过和/或误解其中必要的细节。穆尔、韦斯和古德温用 5 年的时间对 74 名听觉障碍儿童进行研究,发现当仅用语言来传递信息时,听觉障碍儿童只理解了 34% 的内容;当传达者和接收者同时运用语言及唇读时,听觉障碍儿童只能理解 56% 的内容;当传达者和接收者同时运用语言、唇读和手指语时,理解程度增加到 61%;当运用以上所有形式再加上手语时,理解程度达到 71%(Moore, Weiss & Goodwin, 1973)。语言上的缺陷会导致障碍儿童忽略掉很多关键的概念，如秘密、隐私、信任、安全、权利和陌生人等，这些词语仅是安全教育内容里儿童不易理解的很小一部分。

这些发现告诉我们必须运用各种可行的沟通方式来培养听觉障碍儿童的安全技能。我们不能将清晰的言语主观地假想为对语言的扎实理解，两者之间相差甚远。口语水平可能与安全技巧的掌握程度成反比。马格雷特·肯尼迪于1990年引用了苏珊·菲尼古斯（Susan Phoenix）1987年的研究发现，即4岁能打手语的听觉障碍儿童比用口语的听觉障碍儿童更能进行独立思考，并可以问更多的"谁？""为什么？""哪儿？"等问题。在对伦敦十几岁不能说话的女孩进行研究后，肯尼迪得到了相同的发现。儿童提出问题能力的提高会消减他们的脆弱性，并使沟通及治疗过程更加顺利。为了培养这种技能，儿童需要具备高水平的自尊心、信心和独立性，而这些的建立需要家庭和学校的支持。

菲尼古斯在爱尔兰研究听觉障碍儿童时发现，由于沟通能力低下，儿童会接受所有发生在他们身上的事情而不是想为什么会发生。他们无法充分解释日常发生的事情，取而代之的只是陈述最基本的事实。处于特殊环境中的儿童因生活已被安排好且自己无法掌控，处境更为不利。他们需要在特定的时间起床（即使在周末），遵循特定的生活作息，吃玉米片，穿统一的制服，他们全天的日程安排都由善意的成人设定好。这些孩子很快就明白了没有其他的选择，也没有质疑生活环境的余地：所有的事情都被安排好了。控制也是分级的，但成人总是给出指令，儿童就要无条件服从。正如肯尼迪1990年指出的，没有质疑的接受正是儿童面对性侵害时表现得脆弱的原因。

我们几乎不给有听觉障碍且无口语儿童机会去询问关于性行为的问题，所以当性骚扰者选择这些儿童为受害者时，就可以逃避法律的制裁。英国国家聋儿协会（Notional Deaf Children's Society）发现一些施害者，他们通过掌握特定的手语来取得潜在受害者的信任，令其服从。施害者认为，即使儿童知道侵害行为是错误的，他们在寻求帮助上也会遇到巨大的困难。施害者同样自信地认为，即使这些侵害行为被报告出来，存在沟通障碍的儿童也很难出庭作证。无论法官还是律师都不愿意接受那些坐在轮椅里面的、用电子沟通设备或电脑键盘进行沟通的脑瘫患儿的证词。如果这些工作人员不掌握各种沟通手段，这些儿童在司法系统中仍将处于不利位置。如果这种情况得不到改善，有听觉障碍且无口语儿童仍是遭受侵害风险最高的儿童。

另外一个导致易受害的原因在于存在听觉及语言障碍的人通常将触摸作为一种日常的沟通方式。因此，有听觉障碍且无口语儿童接受触摸的尺度较普通儿童可能不同。

一项政府报告证实，英国有 6.8 万名听觉障碍儿童，但是马格雷特·肯尼迪 1989 年的发现表明，并没有针对听觉障碍儿童遭受性侵害后的特殊安全条款、审查及治疗服务。一项国际性研究表明，没有人关心过或正在关心存在沟通障碍的儿童遭受性侵害的可能性。

有听觉障碍且无口语儿童有两个非常明显的特征

对于存在沟通障碍的儿童，生活就在他们尝试跨越障碍进入非障碍儿童的世界中变得非常复杂了。例如，听觉障碍儿童不得不适应双语，以及健听人和听障人士两种文化环境。他们要学习不同的语言（如手语、英语口语），还要适应不同的价值观、文化氛围。英语国家中的听障人士群体文化非常保守，且性别角色的刻板印象非常牢固。

一个成功的听障大学生告诉作者："听障人士群体被长者统领，长者希望后辈继承他们的价值观、思想和行为。他们在一起时会感到安全，某种程度上讲，他们认为健听人是他们的敌人。他们把我看作叛徒，仅仅因为我在依赖高科技获得听力这一点上与他们不同。两个社会的价值观存在天壤之别。尽管儿童性侵害在健听人的世界中已至少被讨论了 10 年，但是在听障人士群体中，任何人都无权提到这件事。"

几乎没有听觉障碍儿童可以在两种社会中都享受到同等的接受度。对于生活在听觉障碍家庭中的孩子来说，听不到是正常的，人们的反应也是相对可预测的。但是当听觉障碍儿童进入健听人的社会中时，他们听力的障碍会被看作最基本的缺陷。

听觉障碍儿童通常表现得不成熟，缺乏安全感，依赖别人，顺应性强，以及自信和自尊水平低。这些特征并非由听觉障碍本身引起，而是由儿童的经历造成的（Schlesinger & Meadow，引自 Kennedy，1973）。这些特征也导致有听觉障碍且无口语儿童易遭受性侵害。

很多人认为性侵害不会对障碍儿童造成伤害

父母和专家对障碍儿童遭受性侵害视而不见的另一个原因在于，他们认为当受害人存在智力或身体障碍时，他们不会受到很大的伤害。当成人相信障碍儿童不明白发生的是什么以及这些孩子在别人不再提起的情况下会很快忘记时，他们就可能会忽略障碍儿童被性侵害的风险。认为性侵害不会对障碍儿童造成很大伤害的想法导致这些孩子会被家庭成员性侵害。

实际上，障碍儿童特别容易遭受多个施害者实施的残暴的、严重的，以及长期的性侵害行为（Ammerman et al., 1989; Ryan, 1992; Sobsey, 1994）。67%以上的案件都涉及肛交或阴道性交。研究表明，障碍儿童与普通儿童被性侵害后受到的伤害是一样的。性侵害会导致严重的情感损伤，既有内在的焦虑也有外在的愤怒。研究表明，所有障碍受害者都会丧失对他人的信任并出现多重问题，这些问题在被侵害之前是没有的（Garbarino et al., 1987）。大约有 2/3 的受害者表现出不同寻常的恐惧，而且毫不令人意外的是，他们在学校中也会遇到问题。有 1/3 的受害者出现睡眠障碍，少数人出现退缩行为。与同伴之间关系差是很平常的，更有甚者会有自虐行为。

更令人担忧的是，研究发现 37% 的障碍受害者的性格变得古怪异常，有超过 2/3 的孩子会对玩具、洋娃娃甚至其他儿童做出性侵害行为，这就形成了循环侵害，并出现了新一批的低龄受害人。

不论障碍程度如何，受害的障碍儿童都会和普通同龄儿童一样，感觉自己被背叛、玷污且无助，特别是当施害者是他们信任的照顾者时。这会对他们的整个人际关系造成危害。

侵害会加重因障碍而造成的情绪问题

在关于听觉障碍儿童受害人的研究中，马格雷特·肯尼迪于1990年总结出性侵害会导致与障碍相关的情绪问题。无论侵害还是障碍都会造成以下心理问题：

孤独感	逃避
缺乏自尊	感到被拒绝
困惑	失落
焦虑	自责
无助	失望
愤怒	恐惧
尴尬	受辱感

障碍导致的愤怒主要针对的是上帝、家人及同龄人，特别是上帝及家人（未能提供保护使其免受侵害）。

憎恨的对象主要是助听器、手杖、轮椅、康复治疗以及障碍类型；侵害扩大了憎恨的范围：对性和施害者的憎恨。

因困惑而产生怀疑。"这（障碍类型）为什么会发生在我的身上？为什么性侵害会发生在我身上？为什么不发生在别人身上？"

由障碍导致的无助感会因为遭受性侵害而加深。

受辱感则源于他人对障碍及了解性侵害事件后的消极反应。即使专家及父母相信儿童，他们也不知道如何给受害儿童提供一个支持性的环境。当父母害怕侵害报告会迫使孩子离开学校或寄宿机构，并且没有其他的后备选择时，父母对于孩子遭到性侵害的报告会选择忽略。当家人在经济上或情感上依赖施害者时，他们会对控诉不予理睬或对其危害做最低估计。相比接受他们信任的人就是施害者这个可怕的事实，他们更容易接受孩子在说谎、犯错误或者并没有受到伤害。被拒绝、责骂以及不被相信会使受害人感到被玷污了、没有价值了或是被陷害了。

尽管有一些障碍儿童没有表现出明显的情绪问题，但资料表明，大多数儿童都深感被伤害，需要尽快得到治疗及情感干预（Garbarino et al., 第135页）。

与普通儿童相比，障碍儿童存在更高被性侵害的风险的原因总结

在以下情况中，障碍儿童比普通儿童更易遭受性侵害：
◇ 被那些在障碍儿童遭受性侵害方面存在误解的成人照顾
◇ 权利持续被忽略
◇ 被社会贬低并被剥夺人权
◇ 未获得适当的儿童照顾、教育和司法服务
◇ 缺乏关于性、可容忍的成人行为的界限以及对非自愿触摸说"不"的权利的知识
◇ 日常生活依赖成人，变得顺从，不知道有掌控自己部分生活的权利
◇ 得不到父母的喜爱和肯定
◇ 被过度保护，没有机会实践独立和问题解决能力
◇ 缺乏接收或沟通性方面信息的能力
◇ 缺乏提出控告所需的自信和果断
◇ 由于在日常生活中被照顾者多次抚摸，无法区分可接受与不可接受触摸的界限

另外，受害的障碍儿童往往：
◇ 被照顾者实施性侵害
◇ 被多名施害者实施长期的、凶残的性侵害
◇ 在报告性侵害时被忽略或得不到信任
◇ 在侵害被报告后，采访他们的相关人员没有与有特殊需求的孩子进行沟通的专业技巧
◇ 因缺乏司法和治疗服务，遭受严重情感困扰、再次遭受性侵害与实施性侵害的危险提高

负责照顾和教育障碍儿童的机构的职责

因为障碍儿童最可能被照顾和教育他们的人性侵害，故专为他们提供服务的机构有四项职责：

◇ 要求社会、父母和教育工作者清除有关障碍、性和性侵害的误解

◇ 支持员工和父母，因为他们中的大多数是善良的、关心他人的

◇ 在父母的参与下，为儿童提供机会和课程，帮助他们学习和实践个人安全技巧并提升自信

◇ 给予适当的监督，特别是对于寄宿学校，因为缺乏足够的监督是导致听觉障碍儿童遭受性侵害的主要原因之一（Mounty & Fetterman, 1989）

有责任心的教师及照顾者在看完本章后会感到害怕。有一些人会认为他们对于孩子的触碰是一种骚扰。有一些男性儿童照顾者会拒绝拥抱儿童并带他们上厕所，因为他们会认为这些是性骚扰行为。这让人感到非常遗憾，因为每个孩子都需要得到大人偶尔的拥抱，如果大人在照顾过程中将这种不舒服的感觉传递给了孩子，这会给孩子带来伤害。

来自英国纽卡斯尔的巴纳多斯（Barnardos）发现，当养父母得知儿童性侵害经常发生在寄养关系的家庭中时，他们会感到恐慌并要求获得制度上的完全保障。这些保障包括：一旦他们被投诉，在获得信任方面较收养儿童有优先权；他们如果被起诉，应获得法律援助服务；他们被报告实施性侵害后，只要能证实自己无罪，就应该有再就业的机会。

专业人员一般都很讨厌改变惯有的做法，即使改变的理由很充分也很有意义。为障碍儿童提供服务的机构员工应定期地获得与性侵害及其影响有关的信息。应鼓励员工在获得了这些信息之后，以公开、客观的方式讨论自己的顾虑。有必要给大家一个提醒，对于儿童的需要和安全，我们自己的情绪感受是次要的。

第三章
个人安全计划中父母的参与

做好与孩子父母和照顾者一同工作的准备

美国、澳大利亚和新西兰的研究指出，将儿童的主要照顾者纳入儿童保护计划中，效果最好。这对于年幼且伴有障碍的儿童尤为重要（Schroeder, 1994）。除非照顾者参与了保护计划并认识到个人安全技能的必要性，否则他们不会为儿童提供练习在校所学技能的重要机会，并且可能会在不经意间否认那些教学。

将父母纳入儿童保护计划中，往往会令经验不足的教师感到不适。这些不适经常是由于不充足的知识和不充分的支持造成的。当父母意识到教师的不适时，反过来，他们也会对该课程产生忧虑。

保护障碍儿童需要每一个照顾者的参与。理想的情况是，所有的学校教师和相关人员（包括校车和出租车司机、护理员、医务人员、保洁员和志愿者）都参与到安全技能教育计划中。儿童的家庭也应当参加分散的团体会议。

新西兰的教育机构在设计国际课程"保护自己安全"时，意识到持续的教育、强有力的教师支持和父母参与的重要性。每所学校都设有一位计划的协调人，此人与受雇于新西兰政府的教育专家保持联系。协调人为每个教师提供支持，为他们的专业发展提供必要的帮助，联络当地儿童保护专业人员并且安排家长会议，促进家校沟通。新西兰课程设计者将父母的参与和评价融入计划实施的每一个阶段。父母学习在家庭中如何增强孩子的安全意识，如何为孩子提供练习的机会，以及如何评估孩子来了解他们已经习得了什么。这显然是最有效的方法，但前提是学校提供这样的支持。如果缺少学校的支持，那么仅凭一名教师向一个班级（或一整所学校）提供高质量的教育也要好于没有提供任何教育。如果学校专门聘请了一位专业教师，那么在学习这些知识的期间，其他教师也应当参与其中以保证学习的这些安全策略可以融入课程的不同方面。

很多人都会受到有关性侵害和障碍的谣言和误解的影响。焦虑的教师担心介绍儿童保护教育会在群体中引发恐惧和不合理的关注。在开始的阶段，这些老师不大可能有足够的信心对家长的担心报以有说服力的回应。当学校对儿童保护教育提供支持时，协调人将为所有的工作人员提供帮助，以使他们在没有威胁感的环境中减轻焦虑，以及修正他们对于性和障碍的态度。若能得到拥有儿童保护方面的经验和心理咨询技能的人的帮助，效果更好。

儿童保护计划的引入往往让男性职员认为自己是最受威胁的人。这是因为在公共宣传中，大部分性侵害的施害者都是男性。有必要提醒为此感到不适的男性：受侵害的男孩中超过 1/3 的人是被女性侵害的；无论施害者的性别是什么，所有的侵害都具有伤害性。

没有在童年遭受过侵害的男性很难理解为什么有人想利用儿童来满足性欲。他们对强暴感到困惑和震惊，并且为自己的男性身份感到窘迫。对此感到不适的人会尽量避免接触用文字和影像所记录的儿童性侵害。因此，他们的观点通常建立在虚构的事实、恐惧和谣言之上。他们倾向于否认问题的严重性，并且担心如果儿童了解了这些并被赋权了，他们就会错误地使用这些力量进行恶意的辩解。所有的这些想法和其他的焦虑感都需要被彻底地讨论清楚而不能被武断地判断。

为教师提供专业性的支持非常重要，因为当教师缺乏信心的时候，他们会为了降低公开的危险而倾向于选择计划中没有争议的部分，并忽略掉敏感且重要的部分。

南澳大利亚校园中负责教授"保护行为"课程的教师中，有 64% 的人并未告诉儿童当他们成为性侵害目标时他们所拥有的权利（Briggs, 1991a）。对此，他们的解释包括：

◇ 没有足够的时间

◇ 父母反对

◇ 孩子们还没有准备好接受这些信息

◇ 它不重要，因为儿童侵害在这所学校中并不是问题
◇ 我还没有足够的自信来讲授这一部分的课程

这些理由都是不成立的。当个人安全计划被引入时，父母有权利期待学校教授儿童远离性侵害所需要的全部知识。

"这里的家长不希望孩子被教授个人安全技能的知识"，这是教师为自己在课程中忽略安全教育所进行辩护的常用的理由。实际上，家长并没有受邀表达自己的选择。在一次对568个家庭进行的随机调查中，所有的家长都表示他们因为缺乏知识和信心来独自接受这一考验，所以希望学校可以教授孩子个人安全技能（Briggs, 1984）。这些发现证实了马萨诸塞州波士顿市的芬克尔的结论（1984）。

怎样使父母对保护孩子感兴趣

尽管校园的儿童保护计划已经被加拿大、美国、澳大利亚和新西兰的父母所认同，但大多数父母低估了他们的孩子可能遇到的危险。文献表明，只有22%的澳大利亚父母，以及1/3的新西兰和美国父母会接受邀请出席学校介绍儿童保护课程的会议（Briggs, 1991; Mayes et al., 1992）。澳大利亚的父母给出了下列几个未出席的原因：

◇ 我相信学校对于课程的选择并且乐于将全部选择权交到教师手中
◇ 儿童保护是一门令人不舒服的课程，我宁愿不了解
◇ 我们不是那样的家庭
◇ 我相信我们所有的朋友和邻居（等等），我们的孩子没有危险
◇ 会议的时间不合适

这说明我们需要改变策略来使家长认识到他们在保护儿童方面的重要性。

另外，近期的一个发现指出，如果家长的参与程度仅限于信息层面，那么这对家长的影响是甚微的（Berrick, 1988）。大多数家长第一次参加会议的目的是为了确认他们的家庭不存在性侵害的问题，他们没有必要参与儿童保护计划。他们拒绝接受那些令人不快的信息的轰炸并且坚持自己的看法。为了取得

最佳效果，应该在介绍性会议之后安排定期的讲习会，使家长有机会重新思考他们的想法并且探索最有利于孩子的教育方式。

必须要仔细规划家校沟通

一旦儿童保护计划被制订出来，就应当寄信给所有的父母，邀请他们出席相应的会议（见后面的样本）。在与家长的沟通中应当强调，在与安全有关的事情中，父母是孩子最重要的老师，并且母亲、父亲的支持都是必不可少的。信件中应当表达对不能到场的家长的期待，希望他们可以与协调人或者教师再约时间来探讨如何帮助他们的孩子。

针对多元文化的社区，教师应当寻求可以提供帮助的社区代表，从而实现以适当的社区语言传递需要沟通的信息。

父亲们往往认为他们对于保护孩子的安全起不到什么作用。他们将儿童保护视为"母亲的事情"（Briggs, 1988）。除非在会议上为父亲们提供了儿童看护服务，否则他们就需要待在家中"看护孩子"。由于无知，在涉及安全问题时，他们就很容易忽略妻子和孩子的合理担忧。

尽管雇佣模式的采用可以帮助确定家长会的时间，但傍晚的课程出席率往往最高。一些人更喜欢专门为"爸爸们"准备的课程。他们愿意学习与搭档相同的内容。应当在课程中持续供应小点心。

国际研究表明，大多数父母非常高兴学校能够承担起教授孩子个人安全技能的责任。最大的困难是使他们确定自己在安全教育中的重要性。

如果出现对计划的不满，这些不满往往来自没有出席信息交流会议的父母。不幸的是，不安和焦虑的教师往往为了显示团结来支持持有不同意见的父母，将个别的不满当作停止计划的借口。

✉ 寄送给父母的信件样本

尊敬的＿＿＿＿＿＿＿＿：

最近，儿童性侵害的问题已经得到了广泛关注。据统计，18岁以下的儿童中，每三个女孩和更少的男孩中就有一个孩子受到不同形式的性侵害。障碍儿童不幸地承担着更高的风险，侵害不是来自陌生人，而是来自他们熟悉且信任的人。

在学校，我们关注孩子所面临的风险，并且希望与您一同加强_____的安全技能。个人安全计划将会在不久的将来引入_____的课程中。该计划的目的是培养孩子的安全意识以及采取行动保护自己的能力。

父母是孩子最重要的老师，为了保证他们最大限度的安全，您的帮助至关重要。我们将在周三举办的四个训练讲习会上向您解释如何帮助孩子：

日期：

时间：

地点：

为了达到最好的效果，作为孩子父亲和母亲的你们都需要参加。我们将提供儿童看护服务以及小点心。希望您能完成这份回执并且在_____前交回。

谢谢！

祝好！

（班主任）

✉ 父母讲习会通知回执单样本

请在适当的句子前打钩，并于_____前将此回执交回给孩子的教师。

□我们将一同出席讲习会。

□我将独自一人出席讲习会。

□我需要你们为我_____岁的孩子提供儿童看护服务。

虽然我不能出席讲习会，但我愿意约定在_____（请在下列时间中选择一个时间）到学校与您商讨相关计划。

周一上午 / 下午：_____点　周二上午 / 下午：_____点

周四上午 / 下午：_____点　周五上午 / 下午：_____点

周三上午 / 下午：_____点

回执人：_____

地址：_____

电话号码：_____

这份回执单可以引起那些通常不参与学校事务的家长的关注。对于那些不能阅读英文或没有给出回复的父母，与他们进行私下的沟通比较明智。如果已经了解到某个孩子受到过侵害，那么就应当与其父母进行私下的交流。

✉ 学校寄给父母信件的样本

尊敬的_____：

我们非常荣幸今晚有这么多的父母出席"安全技能"之夜。感谢各位的到来，并且与我们分享您的想法。同样，也感谢诸位聆听我们的想法。

我们知道有些家长并不能出席我们所有的会议，我们希望您能向我们提出问题并让我们知道孩子的进展情况。本周，我们谈论的主题是我们的身体。我们将试着教导孩子，让他们认识到他们有责任保护身体的安全并保持身体的健康。接下来的几天，我们会检查孩子是否知道了身体所有部位的正确名称。他们将认识到身体的一些部位是非常私密的。

我们也将努力提高孩子的自信心。孩子的安全依赖于他们在正确的时间做出的自我决断能力。这取决于对自我良好的感觉。这也是需要练习的。

我会将本周需要完成的工作（_____）随信附上。

感谢您的支持。

如果您有任何问题，请记下来，并通过电话和我们联系。

祝好！

（班主任）

* * * * * * * * * *

尊敬的＿＿＿＿＿＿＿＿：

感谢您对于儿童保护计划的兴趣和支持。本周，我们帮助孩子更加关注自己的感受，以便于当他们感到糟糕、恐惧和不安全时，可以采取行动来使自己感觉更加安全。今天，我们要求孩子思考人们所拥有的不同种类的感受。我们将试图引导他们了解自己的感受，从而使他们能及时意识到危险。

本周的家庭作业：请与＿＿＿＿＿＿＿＿交流他/她在学校做过的工作表上的事情，并且分享一些您自己的恐惧感觉。

祝好！

（班主任）

****

尊敬的＿＿＿＿＿＿＿＿：

本周，我们花了较多的时间来讨论当感到恐惧的时候，我们可以做些什么。我们模拟了发现自己需要帮助时的情境，并练习在这种情境中如何采取措施。我们让孩子们思考可以向哪些值得信赖的人寻求帮助。不幸的是，忙碌的大人们经常因为忙于一些事情而不能聆听孩子们的话。所以，我们有必要教导孩子要坚持寻求帮助，直到有人采取了措施以使他们重新感到安全。仅仅教导他们"告诉别人"是不够的，因为尽管大人听到了孩子的诉求，他们也经常不会做任何使孩子感到安全的事情。

本周的家庭作业：作为我们保护计划的一部分，我们希望所有的孩子知道自己的名字、家庭住址、电话号码和父母工作时的联系方式。

祝好！

（班主任）

使父母最大限度地参与到计划之中的方法

如果对于邀请参加会议和工作坊的回复很少，那么工作人员就应当调查阻碍家长参加的原因并且想办法解决它们。例如，如果父母有以下情况，则他们出席的可能性就会很小：
- ◇ 低估了他们自己在儿童保护中的重要性
- ◇ 对于他们的孩子可能面临的危害所知甚少
- ◇ 缺少儿童看护服务
- ◇ 交通问题
- ◇ 对校园的环境感到不适
- ◇ 在童年时期受到过性侵害，至今还未处理好自己的情绪和残余的恐惧
- ◇ 感觉无能为力，生活在不安全的家庭中

校方可以从下列建议中寻找方法

- ◇ 将父母、教师和社区成员组织在一起，共同开发并实施可以提升父母兴趣和参与度的策略
- ◇ 向父母传递信息时避免使用专业术语
- ◇ 借助员工、家长和学生的力量，提供儿童看护服务
- ◇ 邀请感兴趣的父母和社区成员参加员工发展会议
- ◇ 向多元文化的教育服务人员，以及代表不同文化习俗和期望的社区人员寻求建议
- ◇ 开展一个"密友计划"，使具有积极性的父母可以参与进来并能鼓励犹豫不定的父母参与其中
- ◇ 将那些自愿向其他父母提供交通帮助的父母组织并利用起来
- ◇ 考虑到当地的风俗习惯，避免将会议安排在与当地的社交活动和晚间购物相冲突的时间
- ◇ 可以考虑将会议安排在一个类似于社区中心这样较舒适的地点
- ◇ 招募专业人士来协助与有听觉障碍的父母和英语水平有限的父母沟通的工作
- ◇ 在海报和公共宣传中使用社区语言
- ◇ 与新生的父母以及很少参与学校活动的父母进行私下交流

◇ 使用当地媒体和社区服务来宣传学校对于儿童保护所做的努力

◇ 确保儿童保护的工作成果在父母参加会议的地方被展示出来

◇ 除此之外，多元文化学校应当为持不同语言的群体安排单独的会议或组织亚群体，并安排双语的演讲者

在进行会议之前

◇ 选出一位主席

◇ 准备好课程相关材料

◇ 发布新闻以获得当地媒体的支持

◇ 安排好会议的发言人、视频和设备

◇ 确保有可靠的人员负责儿童看护服务和茶点

◇ 确信分发的文件打印了足够的份额

◇ 邀请并介绍着眼于儿童保护工作的社区人员

◇ 邀请专门出售个人成长类书籍的经销商来展示相关著作

计划的目的是为了帮助孩子识别和避免潜在的危险

◇ 提高他们的决策能力和问题解决能力

◇ 提高他们的沟通能力和对父母的坦诚度

◇ 帮助他们发展在安全的前提下独立的能力

◇ 增强他们的自尊和自信

◇ 提升人际关系质量

父母参与计划的目的也许包括

◇ 增长儿童性侵害方面的知识

◇ 熟悉学校计划的目标

◇ 在家中强化概念和技能

◇ 有足够的信心和充足的知识来和孩子谈论不当的性行为，使孩子不必隐藏自己的担心

◇ 当孩子控诉遇到不当性行为时给予支持和有效的回应
◇ 改变可能增加孩子被性侵可能性的教育方式
◇ 有机会与学校员工和当地儿童保护部门进行交流

关于第一次家长会议的建议

◇ 对社区代表的欢迎和介绍
◇ 什么是性侵害？

性侵害指的是一个年长、更强壮、更有力量或者更有知识的儿童、青少年或成人利用一个较弱或者了解信息较少的儿童来获得性满足。这也包括相同年龄但因为了解更多的知识而更有手段的孩子对智力障碍孩子进行的性侵害。

◇ 问题的严重性
◇ 你为什么认为孩子容易受到性侵害？
◇ 为什么有障碍的孩子遭受性侵害的风险最大？
◇ 谁是施害者？

并非是虚构的、危险的陌生人。障碍孩子遭受来自他们照顾者的性侵害的风险最大。施害者通过解决大量的问题获得父母和学校工作人员的信任，这样，当孩子控诉发生了什么的时候，他们的控诉不会被相信。施害者中的很多人从青春期甚至更早就开始侵害他人，并且没有遇到任何阻挡。

提问："为什么儿童性骚扰者能够成功地侵害数以百计的儿童却没有被抓住？"

"性侵害容易发生在什么地方？"

请记住，施害者可以是男性，也可以是女性。

◇ 谁是受害者？

请不要认为性侵害只发生在年龄较大的儿童中，并且女孩受到性侵害的风险要高于男孩。近期的研究显示，男孩很少报告遭受的性侵害并不是因为没有发生，恰恰相反，是因为它太普遍而使受害者们视它为"正常"现象。在受害群体中，男孩受到性侵害的风险要高于女孩，如果性侵害没有涉及暴力，那么他们几乎不会控诉，并且也不会抵抗。

◇ 当有人进行与性有关的行为时孩子为什么不告诉他们的父母？

提问："你有过本可以告诉父母你见到的不正当的性行为而最终没有告诉的经历吗？如果有，为什么不告诉他们呢？你可以告诉谁？"

如果孩子要告诉一个人，他们会告诉一个信任的朋友，双方保守秘密，为什么？

请确保在以下几个方面考虑孩子的恐惧心理：

- 男孩对同性恋这一禁忌的恐惧
- 性侵害已经发生，对受到惩罚的恐惧
- 不被父母信任
- 对于施害者及其让他们保守秘密的威胁的恐惧，例如，警察会将他们带走并送去一个专门为坏孩子准备的地方
- 害怕家庭破裂

除此之外，孩子保守受到性侵害的秘密的原因有：

- 窘迫难堪
- 自责
- 愧疚
- 羞愧
- 对施害者的依赖
- 谈论性是被禁忌的
- 无视——孩子在成长中始终受到性侵害并且将其视为正常
- 施害者持续地说服受害儿童侵害是他自己造成的

◇ 为什么阻止儿童性侵害十分重要？

与许多父母所预料的相反，受害儿童不会忘记被性侵的经历。除了在性和心理发展、身体健康和建立信任关系的能力方面受到侵害，据估

计，四分之一的男性受害者会转变为施害者。
◇ 鉴于大多数受害儿童知道施害者是谁，那么儿童面对受性侵害的风险时需要掌握哪些信息和技能来保护自己？

需要明确的是，虽然这个话题很重要，但现实中性侵害的情况更为糟糕。有幸的是，借助于近期的了解，为阻止这样的事情发生并保证孩子的安全，我们现在可以做的事情要远多于之前我们可以做的。

◇ 为什么父母的支持至关重要？

父母可以在不知不觉中破坏孩子所受的保护自己的教育，例如：
- 教导孩子永远不要对成人说"不"
- 指示孩子要容忍不愿接受的碰触来取悦成年亲属
- 剥夺孩子独立的机会
- 剥夺孩子接受性教育的机会
- 教导孩子要保守家庭秘密
- 因孩子尝试锻炼决断能力而惩罚孩子
- 告诉孩子"做个好孩子，听×××（保姆）的话"，把"好孩子"定义为完全顺从的孩子
- 用其他人不能够理解的外号来指代生殖器官
- 将性设为禁忌，以至于没有交流的余地
- 不鼓励男孩表达感情和寻找身体上的愉悦

正确认识父子之间身体接触的度对于男孩的自我保护尤为重要。障碍孩子如果感到自己在家庭中没有价值，那么所面对的风险更高。

◇ 关于该计划

介绍一个首次课程的例子，并且询问父母他们认为应如何在课外帮助孩子培养解决问题的能力和相关技能。

◇ 问题

◇ 关于未来讲习会的计划

◇ 茶歇时间

处理父母关于儿童保护计划所关心的问题

父母所关心的问题通常与下列方面有关：

◇ 计划与孩子发展水平的关联性和适宜度

◇ 对孩子可能造成的影响

◇ 对家庭生活可能造成的影响

◇ 计划可能使孩子挑战大人的权威

◇ 教导孩子使用生殖器官的正式名称是否合适

◇ 教师的专业程度

◇ 是否有机会继续与教师进行商讨

◇ 家庭如何提供帮助

父母应当相信，讲习会将考虑到每个孩子不同的需求和能力。有些孩子可以迅速地理解一些概念，而其他孩子则需要经过大量的练习才能习得某些知识。父母可以通过精心设计的"家庭作业"为孩子提供练习的机会。

当父母对儿童保护计划持有消极的态度时，他们的观点通常建立在对儿童性侵害、障碍和安全教育的误解之上。在保护教育和对待儿童性侵害问题上存在同样多的误解。其中一些是由于施害者的恶意煽动，一些是来自出于善意但被误导的保守人士，他们认为我们可以守护孩子的"纯真"，并通过阻止孩子了解自己的身体来远离性。最好在一开始就着手处理这些问题，关于障碍儿童与儿童保护计划之间的问题在本书第一部分和第二部分有详细阐述。下面将阐述其他常见问题（及答案）。

父母对于可能对孩子造成的影响的担忧

问题：计划是否会造成孩子不必要的惊慌并且不再信任所有的大人？

需要说明的是，道路安全计划不会使孩子惧怕出游，安全用水课程也不会使孩子害怕游泳。同样，与发展阶段相适应的个人安全教育不会使孩子害怕他人；相反，当孩子了解了自己的权利并且确信会得到父母的支持时，他们的自信心会有所增长。来自南澳大利亚和美国对于父母的调查（Finkelhor & Strapko, 1987）显示，当参与个人安全计划之后，父母发现孩子变得更加外向且恐惧感降低。安全地与他人相处仅仅是孩子生存所需的众多技能之一。孩子也需要了解如何使用火、电、药品和其他危险物品以保证自己的安全。

问题：个人安全计划是否施加给孩子过多的责任以使孩子在与成人接触时保证自己的安全？

并不是。正相反，成人让孩子在缺少"什么是可接受的成人行为"等相关知识的情况下面对这个世界，这才是给孩子施加过多的责任。

问题：让这些孩子了解生殖器官的正式名称是不是为时过早？

在本书的第7页已说明，我们对生殖器官的正式名称存在不合理的废用。这与长期将性视为禁忌有关。当教师说明因没有教给孩子身体各部位的正确名称而引发的不良后果时，父母就会意识到他们观念的荒谬性。

问题：个人安全计划是否在孩子足够成熟能够理解之前过早地教授孩子性知识？

首先，孩子作为有性的个体会通过尝试、同伴和媒体了解性。当没有接受与发育阶段相适应的性教育时，他们所掌握的知识往往是错误的。错误的认知是十分危险的，并且可能造成不必要的恐慌。儿童施害者经常通过假装教授性知识的方式来引诱无知的孩子。

其次，个人安全计划着眼于安全，而不是性。由于性无知与受侵害，尤其与障碍儿童受侵害高度相关，很多人强烈建议应教给障碍儿童关于身体的知识。呼吁学校开展安全技能教育是性教育专家的任务，而不是教师。

问题：为了保证孩子们的安全，是否应该教他们认识不正常的性行为？

指导孩子如何处理最常见的不正当的性行为是十分重要的，因为若没有这些信息，孩子就会困惑什么行为应当避免并报告。困惑会比信息本身造成更多的焦虑。

同样需要强调的是，如果成人回避了重要事实，那么当受害儿童意识到发生在他们身上的事情是如此令人反感时，他们将不会提及这些事。再者，就像本书第 23 页和第 28 页所指出的，关于可接受和不可接受的行为，若障碍儿童没有接受过这方面的指导，很容易通过所受的性侵害了解性。

父母应当明确，讲习会是在积极的教室环境中进行的，讲习会的目的是建立参与者的自尊心和鉴别、解决威胁性状况的能力。为了减轻父母对于计划的担忧，教师们应当使父母了解全部的内容以及他们可以如何进行帮助。

在与孩子谈论性这方面存在顾忌的父母应当参考与该标题有关的宣传册。

问题：个人安全计划是否会造成孩子对父母的不信任？

儿童保护计划的反对者持有的错误观点之一就是个人安全计划是由激进的两性平等拥护者设计出来破坏家庭的，最终会导致孩子不再信任他们的父亲。

保护教育的开拓者理所当然得到了两性平等拥护者的支持，但现今应用于学校的主要计划是不同专业的人员团队合作的成果。经过了英国哥伦比亚学院评估的加拿大 CARE 组织是一个包括父母和专家在内的团队。新西兰的"保护我们自己"模式是警方和教育部门共同努力的结果，他们历时 6 年完成了小学课程的开发。评估和修正是一个持续的进程。本书也是一个专家团队合作的成果，这些专家的资质认证在前言中已写明。

问题：当孩子了解了自己的权利，他们是否会编造受到性侵害的谎言来"报复"惩戒他们的人？

在一份国际调查中，没有数据表明孩子会假装自己受到性侵害，相反，性侵害是一件如此令人窘迫的事情，孩子往往会对此轻描淡写地描述。如果孩子撤回之前的言论并且说"那是我编造的"，那么这通常是由于受到了来自施害者或亲属的压力和威胁。

问题：个人安全计划是否会影响父亲和女儿之间关于情感的自由表达？

当父母得知孩子将学习他们所拥有的权利时往往会感到受到了威胁。一个普遍的想法是："当我玩闹着打了孩子的屁股而她告诉老师时，我就可能因儿童性侵害而被起诉。"

父母应当明确，没有任何一个社会工作者或警官会在没有掌握发生了性侵害的确凿证据下采取法律行动。

父母在未明确"什么是不可接受的行为"之前，很容易在亲子关系和情感表达方面出现困惑。

父母应当明白，当孩子意识到他们的父母将会帮助他们阻止他们抵触的行为时家庭关系将进一步融洽（Briggs, 1991a, 1991b; Wurtele, 1993）。此外，在接受了儿童保护的教育后，孩子们对真正的情感表达会变得更加积极（Plummer, 1986）。

问题：个人安全计划是否教育孩子要挑战权威？

父母和教师普遍表示的担忧之一就是个人安全计划是否会教导孩子挑战成人的权威，对合理的要求不予服从并说"不"。

父母可以放心，个人安全计划会告诉孩子们，他们可以对与性相关的不合理行为、危险情况和使他们感到不适的触碰说"不"。没有这一教导，孩子们就会相信他们需要容忍大人对他们做的所有事情。这使他们极度容易受到性侵害（Briggs, 1991）。

当然，孩子在练习一项新技能时会犯错误。一些家长抱怨孩子在学习说"不"的课程后拒绝去睡觉或者洗澡。这一问题可以通过"只有当被要求做错误或者不安全的事情时才可以说'不'"这一说明加以解决。

当父母和教师共同合作来提供解决问题和做出决定的机会时，孩子们很快就会了解那些可以也应该行使权利的情况和在相应的时间去睡觉、洗澡或帮忙做家务这类不喜欢但安全的情况之间的差别。

当涉及培养孩子的独立能力时，必须意识到父母在这个过程中的主要作用。

问题：关于防范儿童性侵害的计划是否有些夸张？仅因为少数孩子有风险我们就应该让所有的孩子加入计划吗？

国际联盟和政府确定儿童性侵害是一个世界范围的问题，现今已被报告出来的性侵害仅仅是冰山一角。通过笔者（Briggs & Hawkins, 1994a）对190名男性性侵害受害者进行的采访来看，有14%的受害者是在受侵害的几年之后也就是到了青春期才可以谈及侵害。所有的受害者都经受施害者多重侵害长达几年之久，而仅有两个施害者在事发后被报告给了警察。换言之，在这类事件中，报告出来的数量不及实际数量的1%。

感到不适的大人们

对个人安全计划存在误解的人大都是那些没有与自身的性相协调的人。他们难以谈论人的身体，回避任何障碍儿童性发展的知识，希望借保持无知来使他们保持无性的状态。

普遍来看，在父母、教师或照顾者的任一群体中都会存在儿童性侵害的幸存者。如果他们不面对他们的情感，关于个人安全的讨论就很容易使他们回想起过去不愉快的经历。如果幸存者仍然抱有强烈的愤怒或愧疚，他们会发现很难为需要帮助的孩子提供保护。应当鼓励他们寻找这个领域的专业人士进行咨询。这些专业人士通常来自社区健康和强暴危机中心。

为父母准备的讲习会

第一次信息交流会议之后应当紧接着组织一次讲习会来帮助父母为孩子提供更好的保护。

讲习会应当结合小组讨论和合适的视频播放，以一个没有威胁性的方式"将信息传达到家庭中"。讲习会的组织者应当评估群体中个人的需求，并且相应地改变会议材料和教学风格。如果顾问也出席，这会对会议有所帮助。

下面是对讲习会内容的建议。

介绍

在会议开始时，先为参与者提供小点心，让大家放松地认识彼此。可以采用某些"破冰"方式使父母们感到舒适。一种可行的方法是将父母们分成两人一组，让他们各用3分钟向对方介绍自己，然后每个人向所有参与者介绍自己的搭档。

讨论社会对性和障碍人士的态度

在这个环节应当提供机会来消除有关性和障碍的误解。会议组织者应当时刻记住，一些父母可能在之前从未讨论过性，所以在早期可能会感到不适。

对于不同的主张，有时让参与者用他们的身体来表明立场是一个有效的方法。组织者在房间中画一条线代表连续性的观点，线的两端代表截然不同的观点。

如果能有一位熟知障碍人士的性需求和权利的障碍人士参加这个会议，将会有很大帮助。

明确父母关于儿童性侵害都了解些什么

应当鼓励父母去表达他们是如何觉察性侵害的以及障碍儿童易受伤害的原因。让参与者将这些说出来很重要，因为只有这样组织者才能了解父母理解到了哪一步，从而为以后的会议安排更合适的内容。在会议上将向父母发放一份调查问卷，鼓励父母表达对性侵害和障碍儿童的认识，并进行小组讨论。

是事实还是误解？

下面是一份在讲习会上使用的调查问卷示例，答案可供组织者参考。

观点：孩子们编造了关于儿童性侵害的谎言。正确还是错误？

这是错误的。想象来自实践，所以孩子们不会想象出性行为。再者，孩子们会担心因为揭发它而受到惩罚。他们因为太过痛苦而极少告诉别人事情可怕的一面。如果一个孩子否认自己的言论并且说"那是我编造的"，那么这通常是由于家庭正处于分裂状态且孩子不能从家庭中获得支持。那些袒护施害者的人使受害者相信，如果他/她撤回自己的控告以后就不会再受到侵害。但通常这是不可能的：受害者被贴上了骗子的标签，施害者获得了同情，并且出于不会有人再相信受害者的自信，施害者将继续实施侵害。

观点：少女引诱了她们的父亲。正确还是错误？

这是错误的。戈德曼夫妇指出（Goldman & Goldman, 1988），在孩子的眼中父母与性是无关的。正相反，当父母的言辞和行为与性相关时孩子们会感到窘迫。性被视为一个浪漫的词汇，但这并不适用于孩子。

观点：性侵害发生在一个软弱的时刻且通常是"一次即止"的事情，一旦被揭发，施害者就不会再次作案。正确还是错误？

两个观点都是错误的。儿童施害者通常在被抓到前有大量的作案经历。除非被警察逮捕，或者真正想做出改变，否则他们会倾向于继续侵害他人。如果成人对性侵害视而不见，施害者们会变得更加胆大，因为做了坏事他们也不会受到惩罚。

观点：如果一个孩子受到了性侵害，最好的做法是忘记这件事情不再提及它。正确还是错误？

受害者需要接受专家的帮助，学会以坚强的内心来面对性侵害这件事和施害者，以及学习增强自信的技巧来降低再次受害的风险。如果没有给予受害者调整心理状态的机会，那么不良的心理状况会在以后对受害者造成更大的伤害。

观点：障碍儿童受到性侵害是没有关系的，因为他们没有和普通人一样的感受。正确还是错误？

性侵害会对所有的儿童造成伤害。受害者都会因为权利被侵害和信任被辜负而遭受情感上的折磨。所有孩子都会有被利用、被玷污和受辱的感受。有发育障碍的受害者往往没有能力复述性侵害行为，这造成了受侵害的恶性循环。

观点：有人会被强暴，是因为他们活该。正确还是错误？

这是强奸犯为了将责任推卸到受害者身上而经常编造的一种危险的谎言。这同样是错误的。调查显示，60%～70%的强奸犯先决定要实施强暴行为，然后再寻找目标。男孩和女孩同样有受害的风险（Garbarino et al., 1987）。

观点：女性不会实施性侵害。正确还是错误？

错误。历史上一些非常可怕的性犯罪都是由女性主导的，但对于女性实施的性侵害的报告数量要少于男性实施的。有时女性施害者单独行动，有时则处在男性的支配下。和男性施害者相同，青少年和成年女性施害者通常在儿时遭受过性和/或情感上的侵害。

观点：我们无须费心地保护男孩。正确还是错误？

错误。男孩受到性侵害的风险很大。当他们很小的时候，他们可能会受到年长的亲属、兄弟姐妹和其他家庭成员的性侵害。当男孩们长大一些，他们被赋予了更多的自由，并且扩大了他们的社交圈，这就增加了来自同龄人、邻居和男孩社会团体的领导者性侵害的风险。

如果不能明确性侵害是错误的，那么男孩们将会处于不利的境况。当他们意识到侵害本不应该发生时，他们会感到羞耻和愧疚，并且会因为同性恋的污名化而不向别人告知这件事情。

女性对男孩进行的侵害很难被报告出来，因为成年男性普遍将与年长一些的女性进行性行为视为对自己有利的事。这一观念的存在阻碍了男孩报告性侵害。

观点：在保护孩子方面你做不了任何事情，当孩子脱离了你的视线，你只需要祈祷。正确还是错误？

错误。如果愿意，你可以祈祷，但是当孩子大概3岁的时候，你就应当使用关于介绍身体的书籍来向孩子介绍个人安全技能，帮助孩子了解应当对自己的身体负责的概念以及身体的隐私部位（应当有命名）。教给孩子安全技能的一个非常好的理由就是，施害者会避开参加过保护计划并且了解自己权利的自信的孩子。

观点：没人会想骚扰坐在轮椅上的障碍儿童，他们没有吸引力。正确还是错误？

错误！暂且不说身体障碍的人对其他人也具有性吸引力这个事实，性侵害并不关乎性吸引，而是关乎权力上的侵害和强壮的人控制弱小的人。性侵害是一种玷污和伤害受害者的方式，同样也是一种满足性行为的方法。正是由于这个原因，障碍儿童才会被虚弱的年长女性选为侵害的对象。他们的吸引力来自无力回击。

观点：性侵害不会发生在中产阶层。正确还是错误？

施害者来自各行各业。他们是政客、法官、社会工作者、教师和神父。他们是侦查员和团队领导。没有人可以因为自己的教育水平、社会地位甚至是与孩子的关系来得到信任。

如果我们教导孩子要惧怕所有的大人，他们会拥有一个非常不幸的生活。我们需要做的是，教他们辨别潜在危险，并且采取行动来使自己更安全。

非障碍人士对障碍人士的态度通常存在误解

邀请小组成员列出并探讨家庭成员对障碍人士持有的态度，这样做十分有益处。

下面是一些例子：
◇ 大多数障碍人士在庇护工场中工作会好一些
◇ 障碍儿童应当在可以得到大量关注的特殊学校上学
◇ 有明显障碍的人会使非障碍人士感到不适，因此他们应当远离人们的视野
◇ 智力障碍人士应当被锁在某个地方以避免伤害他人
◇ 我们应当同情所有的障碍人士
◇ 障碍人士应当绝育
◇ 障碍儿童不应当接受性教育，因为他们可能会进行尝试

帮助父母与孩子进行沟通

当父母被问及"如果你的孩子遭受过性侵害，你是如何发现的？"时，他们通常会回答"当事情不对的时候，我的孩子会告诉我"或者"看着他们的眼睛，我就可以知道"（Berrick, 1988）。

下列这些问题可以帮助父母反思为了增强孩子的自信他们到底做了什么。
◇ 他们是否和孩子聊过性的话题？（准确地）说了什么？孩子可能理解成什么样子？
◇ 孩子如何才能知道，当他们谈论错误的性行为时他们会被相信，并且不会被惩罚？
◇ 他们是否告诉过孩子交流性方面的事情时所需要的词汇？

鼓励父母发掘孩子在试图与他们讨论性行为时可能遇到的问题。

有一点，父母需要明白，除非他们已经证明他们会听取孩子的担忧，并且会给予支持而非责怪，否则孩子们将不会信赖他们（例如，如果父母言行不一致，那么单单告诉孩子可以说出担忧是不够的）。可以利用一些有用的短视频，教导父母聆听孩子的话的必要性。

大多数孩子认为他们的父母会大惊小怪、发怒、责怪和惩罚他们，并且支持施害者。实际情况往往确实如此。

这是一个让父母思考、讨论对待性的态度以及如何提供更现实的保护措施的好时机。

讨论家庭中的秘密所带来的危险

父母能否采用"无秘密"政策呢？他们是否意识到家庭秘密在儿童性侵害中所起的作用？他们的孩子怎样来辨别什么秘密是要保守的，什么是要说出来的？他们是否曾经因说出了父母的秘密而被训斥？

帮助父母理解性侵害的动力学因素

◇ 施害者是如何戏弄和控制孩子的？
◇ 他们是怎样设法逃避法律制裁的？
◇ 对于由其他孩子实施的性侵害，我们应当如何认真处理？
◇ 当一个信任的大人说明什么是性方面的抚摸，孩子会有什么感受？
◇ 孩子应当得到怎样的支持和保护？
◇ 如果没有人揭发，施害者会停止侵害儿童吗？为什么？

教父母如何处理关于性侵害的怀疑和揭发

如果学校能够邀请一位受信任、能够胜任且具有同理心的儿童保护工作者或警官在会议上解释当一个事件被报告后会发生什么，这将十分有用。

创建一个为大人和孩子提供儿童保护类书籍的图书馆

国际儿童性侵害保护委员会与ETR网络出版物（美国）可以提供许多有益的小册子。出售公众服务类书籍的书店有时会在"出售或归还"处展示相关书籍。大部分社会福利服务机构会免费提供关于儿童保护的文章或书籍。

引入计划中的安全观

父母和教师应当一同致力于基础安全观念在学生每周的校外实践中的落实。没有出席讲习会的家长也应当被联系上并告知他们可以给予怎样的帮助。

不幸的是，回应最少的往往是处在最不安全的家庭环境中的孩子的父母。一个母亲可能会认为，当她连自己的生活都掌控不了，生活在家庭暴力的恐惧之中时，儿童的个人安全是不可能实现的。不论怎样，都应通过电话或家访直接联系上那些不愿出席的父母。

讨论危险陌生人的真实性

大多数父母会告诉孩子避免被危险的陌生人诱拐。由于陌生人概念的复杂性（我们已经在本书第一部分讨论过），这是不现实的，并且会激发生动的想象，造成恐惧、噩梦并限制孩子的生活（Briggs, 1991; Briggs & Hawkins, 1993a, 1993b）。如果询问他们幼小并伴有发育障碍的孩子对陌生人的了解是什么，是否曾经见过陌生人和怎样区别一个人是否是陌生人，父母就会发现他们的孩子是多么容易受到伤害。

为了避免性侵害，孩子需要有能力识别潜在的危险情况而不是危险的人。获得这项技能需要在家庭中和家庭外提供解决问题的机会。当孩子在拥挤的地方走丢，他们经常需要依靠陌生人的帮助。他们必须自己解决的问题是，确定在一个陌生的环境中哪个陌生人是最值得信赖的。谁是孩子上错公交车或火车时给予帮助的最好人选？谁是当孩子在动物园、公园、商场、超市、体育场或街头游行中与群体走散时给予帮助的最好人选？关于问题解决的练习至关重要，因为若没有练习，孩子只会记住一种情况下安全的问题解决方式，并且认为这适用于所有的情况。

学校员工和父母应当被邀请一起探讨他们应如何帮助孩子在获得独立的同时保持安全。例如，当孩子只知道危险的陌生人时，他们会信任任何叫出自己名字的人。随之而来的就是，当我们在远足和校园开放日这样的时候将孩子名字贴在他身上时，我们会增加他们受到危险陌生人伤害的风险。

讨论与保姆在一起时的安全性

应提醒父母，他们在挑选保姆时需要特别注意。建议父母在可能的情况下不要选用年轻男子。选择正处于发育中、对性抱有强烈的好奇和渴望并且没有健康的释放途径的年轻人有着显而易见的风险。

当父母将孩子交给他人并离开时，永远都不应该说"做个好孩子，听×××（保姆）的话"，因为如果那个人是施害者，乖巧的孩子会听从所有的指示。

为了增强安全性，父母应当非常仔细地调查保姆的背景。之前的雇主对其是否满意？孩子们喜欢他们吗？如果可以，应当在决定雇佣某个新的保姆前介绍孩子与其认识，这样父母就可以观察他们的互动。如果孩子对与新保姆的相处感到不适，父母必须尊重孩子的直觉。

当父母离开孩子的时候，应当告诉孩子自己的电话号码，这样当孩子对一些重要的事情感到焦虑的时候可以打给他们。应当通过某些细节告知保姆(不论与父母的关系如何)，家中的孩子不会保守秘密。

有时候孩子看起来不开心是因为他们不喜欢被交给别人。有时候他们不开心是因为不喜欢自己的照顾者。有些孩子有充足的理由感到害怕。

当父母意识到风险时，有些人的回应是中断自己的社交生活。这对家庭关系有害并且不必要。正确的方式是给孩子提供尽可能最全面的个人安全信息，以及增强自信和独立性的锻炼机会。

讨论父母可以怎样增加他们对孩子的支持

父母在不经意间会使儿童性骚扰者很容易地接触孩子。男孩被给予了比女孩更多的自由，父母倾向于假定与孩子相处良好的大人是安全和可信赖的。当孩子们抱怨他们不想再参加童子军会议、男子野营等活动，拜访爷爷，或和杰克叔叔待在一起时，父母们往往不会听他们的话。父母们不会寻找问题的根源，是因为他们不希望性侵害发生在他们的家庭中。

如果父母希望他们的孩子安全，他们需要帮助孩子停止发生在家中令人感到不快的触摸。对于父母来说，向一个亲属解释孩子已经长大了，不再喜欢被亲吻和挠痒了是很简单的。这将向孩子传递两个积极的信息：第一，他/她的感受很重要；第二，当大人的抚摸让自己不快的时候可以依赖父母的支持。不幸的是，当父母的亲吻、抚摸和挠痒令孩子感到不快的时候，他们仍然这么做。

为了教育孩子拒绝不想接受的抚摸并且让这个教育有效，父母需要练习他们所教授的东西，没有其他的办法。为了使孩子强大起来，父母需要改变一些他们根深蒂固的态度。父母可以通过讲习会了解这些态度是什么。

第四章

发展中的课程
关于通过整合方式为障碍儿童提供安全和个人发展课程的建议

等级一：教授自理技巧

◇ 如厕
◇ 穿衣打扮
◇ 进食
◇ 个人卫生

等级二：安全与自我保护

◇ 了解有关电、水、药品、毒品的知识和交通安全守则
◇ 证明什么是安全行为
◇ 明确和避免潜在的危险情况
◇ 学习当需要帮助时如何从大人那里得到帮助
◇ 培养和练习解决问题的技能
◇ 培养准确报告事件的技能

    形成一个积极且健康的生活方式
    · 熟知并使用身体各部位的正确名称
    · 学习包括生殖器官在内的身体各器官机能
    · 展示对个人能力和体能的信心
    · 尊重和关心他人

    自己与他人的关系
    · 明确自己与他人的性别
    · 理解和明确自身的感觉并学习用适当的方式表达出来

- 辨别安全行为来避免或阻止骚扰或侵害
- 与同性别和不同性别的人一同演示什么是安全和适当的行为
- 理解人们的不同和相同点
- 培养社交技能
- 维护个人空间，尊重他人的空间
- 培养沟通能力
- 学习保守秘密的新规则

等级三：安全与自我保护

◇ 在获得帮助的情况下可以明确表达班级和校园的规章制度及违反它们的后果
◇ 明确不安全的行为会带来的后果
◇ 学习为个人安全和自我保护负责
◇ 熟背家庭地址和电话号码以寻求帮助
◇ 学习维护自己的权利，并且为自己和他人的安全负责
◇ 意识到爱护和侵害的不同
◇ 了解性行为的后果和责任
◇ 学习有关儿童保护和障碍人士的帮助和紧急救助服务

父母和教师在教授障碍儿童安全技能的过程中面对的挑战

教授障碍儿童个人安全技能的父母和教师们会面临很多挑战，其中一些如下所述。障碍儿童可能会：

◇ 学习被动地完全顺从成人（尤其是照顾者）的要求
◇ 对身体和个人空间缺乏了解，增加了他们受到侵犯的风险
◇ 对他们的个人权利完全不了解

◇ 已经受到性侵害或者只掌握很少的（或者没有）性知识
◇ 几乎没有独立的机会
◇ 羞耻、愧疚、自卑、困惑，所有这些情绪都会增加他们受到来自假装爱他们的人性侵害的风险
◇ 过度保护他们的家庭成员为他们做所有的事情，剥夺了他们感知自我和独立的机会

（Meadow, 1980; Mindel & Vernon, 1987）

父母和教师不应低估在教授障碍儿童安全概念时所遇到的困难。智力障碍儿童关于是否安全或是否正确的概念来自权威。在涉及安全的事情上孩子会向成人寻求指导。如果成人说"没有关系，一切都是正常的"，孩子就会接受这些断言，无论发生的事情他们是否喜欢。

另一个危险的事是，年幼的孩子和智力障碍孩子在道德上的判断仅有两个选择，他们对成人行为的认识仅有"好"和"坏"之分。他们就基于这样的判断来推断成人的品性。孩子们会根据主观认识来评判参与到性侵害当中的成人。例如，当施害者赠予受害者礼物（这被视为"好"的结果）时，赠送人就会被视为"好"人，尽管他们实施了性侵害。年幼的孩子和有发育障碍的人没有能力评判成人的行为，并且施害者和同谋的相互勾结远在他们的理解能力之上。这再一次证明了孩子需要练习的是评估环境而不是人。

有情感缺陷的孩子和智力障碍的孩子由于渴望讨人喜欢和被接受，他们受到伤害的风险更大。另外，年幼且智力有障碍的孩子没有能力理解他们的照顾者可能会对他们做不好的事情。

开始着手于个人安全教育的教师和父母应当记住，一些孩子可能已经在没有意识到性侵害是错误的情况下经历着这一切。照顾者大部分不当的性行为包含着混合且不协调的信息：侵入性的接触可能会与深情的表达相结合，柔和、非侵入性的接触可以伴随令人恐惧的威胁和保守秘密的压力。在这些矛盾的情况中，孩子没有能力来判断成人的意图和动机。

特殊学校或集体中的孩子可能来自许多不同的文化和社会经济环境。任何

学校团体都存在相当大的差异性，教师必须对这些差异保持敏感。

教发育障碍孩子时所面对的额外挑战

◇ 发育障碍孩子可能很难理解关于"陌生人""不安全"和错误的性行为的概念，并且需要使用许多不同的方式来探索。

◇ 年幼的智力障碍孩子往往是"实干家"。他们需要实践大量的具体活动，他们对于角色扮演和木偶戏的反馈尤为良好，应当持续进行巩固强化。

◇ 年幼的智力障碍孩子很难将在某种环境中学到的技能泛化到另一种环境中。例如，如果教导他们去一个安全的房子中寻求帮助，孩子就会认为安全的房子是所有问题的解决方法，即使是面对在商场、沙滩、公园或超市里走丢这样的问题。这意味着概念必须要以许多不同的方式来教导和巩固，并且需要大量的时间来复习。父母和教师应当在每个部分结束后通过询问"如果……将怎么样？"这类问题来检测孩子对所教的知识是否真的理解了。

◇ 指导和问题必须很明确。使用简短的语句。避免使用"……或者……"的问题以及用"是"和"否"回答的问题。一次只问一个问题。

◇ 记住，与同龄普通孩子相比，智力障碍孩子学习的进程要慢很多。必须将技能分解成小步骤，并每天提供练习机会（Anderson, 1982）。

◇ 年幼的孩子和智力障碍孩子很难理解什么是不可接受的性抚摸。

此外，在培养孩子的社交意识和社交互动能力的过程中要特别注意，以减少他们受到性侵害的风险。

教听觉障碍儿童时所面对的额外挑战

研究显示，听觉障碍儿童受到性侵害的数量远高于有听力的儿童。原因与下列因素有关：

◇ 听觉障碍人士的社会地位较低。

◇ 关于面对性侵害时的脆弱性，听觉障碍儿童存在被人察觉到的和实际具有的差异。
◇ 有听觉障碍的家庭成员和健听的学校工作人员之间存在沟通障碍。一些研究发现教授个人安全计划最好的老师是那些可以从"无法听到"的角度出发展示材料的听障教师。
◇ 所有的讲习会都同时需要健听的教师和听障教师。
◇ 听障教师需要接受在教授个人安全计划时的敏感训练，时刻记住成年听觉障碍人士中有很多也是性侵害的受害者。
◇ 特殊集体和寄宿学校中的孩子经常生活在一个离家庭较远的环境中，父母很少参与到学校的计划中。
◇ 因为学习主要依靠视觉进行，因此应当用视觉材料（类似于绘画卡片、木偶表演、角色扮演，或者可能的话还有特殊视频）来延展和巩固孩子所学的知识。
◇ 监管不力被认为是寄宿学校中的孩子受到性侵害的因素之一（Sullivan, Vernon & Scanlan, 1987）。
◇ 有听觉障碍且无口语能力的孩子通常缺少沟通方式以表达身体感觉。
◇ 由于听觉障碍儿童和成年听觉障碍人士被拒绝教授知识、沟通技能和给予资源，他们可能会在日常生活中处于无力的状态。
◇ 在听觉障碍人士中，关于男性、女性角色的传统观念仍然流行。对性角色刻板印象的坚守是促成性侵害发生的一种社会意识形态（Sanford, 1980）。

向听觉障碍儿童教授个人安全技能需要高度认识到每个有沟通障碍的孩子都有着不同的沟通背景。听觉障碍儿童几乎没有机会与可靠的大人探讨性方面的事情。共享式沟通对于建立信任十分重要，要想实现教师、父母和孩子之间清晰、开放和安全的沟通，必须格外用心。

为了使个人安全计划适用于听觉障碍儿童，我们需要将信息的呈现形式由语言转换成手势，使之为一个视觉学习者所接收。出于好意的听力专家选用的表达信息的符号和方式往往和孩子看待事情的方式并不相关。对语言掌握相对良好的孩子经常会忽略口语表达中的细节和暗示，因此教师必须仔细检查内容，可能的话，将其"修补"成为一个更加视觉化的"思维设定"来满足这个群体接受教育的需求。

作为视觉学习者，听觉障碍孩子可能会重复在电视上看到的行为。通常，他们会忽略或者误解画面对应的讨论，当大人以消极的态度回应时，他们就学习到这种行为是不可接受的。听觉障碍儿童经常会因为他们做出的不可接受的行为而被惩罚，但是他们并不理解这些行为，因为没有人向他们解释行为的不可接受性，他们也没有通过经验学习的机会。

最有效的教学方法通常需要儿童的参与。然而，我们需要时刻记住，相较于健听人士，听觉障碍人士对于触碰的耐受性更强。触碰对于他们引起注意和传递信息至关重要。拥抱和其他形式的触碰普遍存在于听觉障碍人士之间的交流中。所以，某个触碰行为的可接受性对于健听人士和听障人士可能并不相同。可接受和不可接受的行为必须给予明确的说明和解释。可以通过图片、木偶剧、伴随面部表情和肢体动作的角色扮演来展示不可接受的和令人讨厌的触碰。

当进行角色扮演时，应结合孩子的实际情况。例如，"施害者"应当包括健听人和听觉障碍人士。潜在的帮助者也应当包括这两类。还应考虑到施害者使用手语或口语的可能性。

改变计划使之适用于听觉障碍的孩子

现在已经给予一些孩子技术上的帮助使他们可以使用电话。然而，有听觉障碍且无口语儿童可能还没有意识到类似于强暴危机和电话求助热线这样的资源。如果没有儿童保护计划，很少有父母能够意识到孩子对这类信息的需求。

对于父母和孩子来说，另外一个难题是缺乏为有沟通障碍的受害者提供的专业治疗服务。学校经常处在一个不得不在其他方面的专家的指导下来提供治疗这样一个并不令人满意的状况当中。在引入个人安全计划前，负责听觉障碍儿童事务的工作人员应当找到有能力为他们提供治疗的专家或机构。他们应在侵害被报告之前建立起支持网络。如果没有提供支持的工作人员，学校和父母应当联系儿童保护机构，以及当地的政府和媒体。

所有听觉障碍的孩子都会从提供的练习大喊和说"不"的机会中得到益处。经常有人说他们的声音很滑稽，所以他们可能会对尝试使用叫喊这一新方式感到不情愿。他们需要利用动觉—触觉刺激来区分新的叫喊方式和使用喉头的方式。和有智力障碍且不会说话的孩子一样，家长和教师也需要教导听觉障碍儿童什么时候和怎样使用其他得到关注的方法，例如，在火车上拉响警报、逼停公交车、拉火警警报器和写下简单的求助请求。除此之外，肢体防范训练对所有障碍孩子来说都非常重要。

大多数父母会担忧孩子因为沟通障碍而存在安全风险。健听父母可能会试图通过限制孩子、减少他们独立的机会来降低风险。他们的孩子对安全的概念可能感到很新奇。可以使用各种示意动作和例子来解释相关词汇，直到有证据表明孩子理解了这些信息。应当允许孩子向你展示他/她用来表示身体部位和性触摸的示意动作，并在需要的时候使用它们。如果我们使用孩子的语言并采纳他们的建议，与他们的沟通将变得顺利，彼此不适的感觉也将减少（Kennedy, 1989; Mounty & Fetterman, 1989）。

教无口语儿童时

教无口语儿童时，比较明智的做法是通过向言语语言病理学家咨询以习得适当的符号系统，例如，双语符号（Blissymbols）、图片沟通符号（Picture Communication Symbols, PCS, Mayer–Johnson Co.）、性词汇图片系统（Picture Vocabulary System for Sexuality, BC Rehabilitation Society）或相似的符号系统。

教视觉障碍儿童时

有严重视觉障碍的儿童需要额外的帮助来建立身体意识。教授他们安全的社会行为可以使他们免于遭受性侵害。包含生殖器官、肛门、胸部和嘴的解剖娃娃模型对于视觉障碍的孩子来说是"必须"拥有的。选用娃娃模型是为了帮助孩子获得真实的"感觉"。同样，让一个视力受损的成人加入个人安全计划中，可以确保教师能够从一个合适的角度进行教学。

教严重肢体障碍儿童时

培养严重肢体障碍儿童的安全技能，需要重点关注独立性的培养，尤其是处理卫生问题、增强自信和自尊以及明确适当和不适当的触碰等。这些方面对于需要依赖他人照顾的儿童来说尤为重要。

提供增强自尊心的环境

为了保证儿童的安全，我们需要教给他们知识、技能和建立自信来对抗来自更大、更强、更有力量的人的性行为。一个积极的自我形象是拥有自信以及自我保护的基础。由于社会对肢体健全的强调，障碍孩子很难在健康层面获得自尊心。进一步来说，有着严重肢体障碍的儿童几乎没有机会来完成那些能带来自我满足感的事情。课程计划必须要将这一点考虑在内。

我们的自尊受到我们如何被他人对待的影响。我们通过别人对待我们的方式来评判自己。当孩子被视为无助和无望的人时，那么他们就会将自己视为无助和无望的人。消极的信息会通过肢体语言，尤其是面部表情和语调传达给他们。类似于"让我来做这个……""你弄得一团糟……""如果我来做会快很多"这样的话会使孩子停止做出努力，转而顺从地依赖他人。一些教师、照顾者和家人并不希望障碍儿童独立。在教师与家长的会议中应对这么做的理由进行彻底的讨论。

对自己的过低评价使得障碍儿童认为自己没有能力控制发生在他们身上的事情。这影响了他们对生活的态度，进而增加了他们受侵害的风险。

在一些情况中，在能够教给他们自我保护和个人安全的技能之前，帮助儿童和青少年克服无力的感觉是十分重要的。

学校、公共机构和家庭应当一同致力于为孩子提供独立和保护的机会。家校合作至关重要，但是当孩子需要特殊的交通工具才能出门以及父母和教师间缺乏沟通时，这种合作很难实现。

儿童可以通过以下三个方面的课程来学习：

◇ **自我发展的课程：**

· 提供建立积极自我形象的机会

· 提供锻炼决断能力的机会

· 为孩子管理情绪和处理冲突提供帮助

· 当孩子面对悲伤和失落时提供帮助

· 满足个人化需求的积极的学习环境

· 提供机会使孩子根据自己的经历和兴趣培养好奇心和信息收集能力

◇ **社交技能的课程：**

· 提高沟通技能

· 鼓励他们锻炼决断能力

· 学会给予、寻求和拒绝帮助

· 帮助儿童处理人际关系冲突

· 帮助儿童建立和结束一段关系

◇ **生活技能的课程：**

· 在自我护理、保健和卫生管理、移动技能、家庭管理、饮食准备、读写技能、职业准备和使用公共服务方面对他们进行教授（Fenton & Hughes, 1989）

帮助儿童增强独立性

教授障碍儿童个人安全技能，这个任务是很艰巨的。如果父母和学校工作人员受过儿童保护方面的训练，并且一同致力于增强儿童的自尊心、自信心、决断力和独立性，以及提供关于身体权利的重要信息，那么这是可以实现的。

问题是，大多数的父母为了保护障碍儿童而完全控制他们的生活。过度的保护会产生与预期相反的结果。孩子的依赖和无知使得他们更容易受到性侵害，当事情发展不对的时候他们不知道该如何去做。父母对危险的陌生人持有误解，他们认为，如果陌生人是出租车司机，那就不会有危险（Briggs, 1987）。父母很少能想到他们的孩子在学校、教堂甚至是与一个朋友一同在隔壁房间的时候，可能都是有危险的。性侵害者是很大胆的，有时候性侵害就发生在父母当时所在的同一间屋子中。一般来说，侵害者越胆大，受害者就越不容易被人相信。

当儿童需要依赖他人上下床、穿衣、洗浴、更换卫生巾和如厕时，工作人员和父母需要尽可能多地提供增强他们自理能力的机会。不幸的是，当孩子做得太慢或做得一团糟时，成人就会替孩子完成，尤其是在成人需要照顾很多个孩子且很忙碌的情况下。

获得独立和成就的机会对于培养社交技能和树立积极的自我形象十分重要。障碍和康复皇家协会（Royal Association for Disability and Rehabilitation）发现，有障碍的年轻人与一些信息脱离，尤其是那些与他们的障碍、权利和救助服务相关的信息（RADAR, 1989）。对于这种现象，建议应当对这些信息进行探讨并将其适当地加入到校园计划中，以实现增强儿童自尊和独立性的双重目标。

独立的关键在于选择和隐私。一些障碍儿童甚至被剥夺了最基本的选择权利。他们被良好地喂养和打扮，但是他们不能选择食物和服饰。他们甚至不被允许选择饮品和冰激凌的口味。他们经常被认为感觉迟钝。他们甚至被剥夺了隐私权。如果我们致力于发展个人安全技能，就应当改善这一情况。

阻碍独立生活的因素包括以下几点：

◇ 社会对障碍人士的消极态度。在过去，文化和宗教教义将障碍视为邪恶、令人惊恐和丑陋的事物，是对做了错事的人的惩罚

◇ 社会对障碍人士的忽视

◇ 对障碍人士表示同情

◇ 侵入性的好奇心或善行

除此之外，过低的自尊和自卑反过来也会阻碍儿童面临潜在的危险时维护和保护自己。

教师和父母的第一个任务就是改善他们自己对待障碍的态度。第二个任务是计划并实施可以帮助儿童更加独立的课程。儿童的父母必须参与这些课程，这是十分重要的。

自我照顾对维护自尊和自我保护至关重要

自我照顾对独立、维护自尊和自我保护至关重要。自我照顾对发育障碍儿童尤为重要。干预应当开始于学前期，治疗师、父母、工作人员和儿童都要参与其中。无论何时，只要有可能，都应当教授孩子在没有帮助的情况下盆浴、淋浴和洗头发。他们应当学习如何选择、更换和洗涤自己的衣物和床上用品。女孩需要学习何时和怎样更换卫生巾，并且使用卫生的方式清洗自己的身体和内衣。男孩和女孩都需要性发育方面的咨询和指导。告诉他们自慰是可以接受的，但是不能在公众场所进行；需要去自己的卧室或洗漱室，在关好门窗的情况下私密地完成这个行为。

社交不足的儿童可能会从同龄人那里获取关于性的不确切的信息。需要告知障碍青少年，他们在性关系中同时拥有责任和权利。这对于有成人性渴望却没有成人智力水平的智力障碍男性来说尤为重要。性侵害的受害者向更年幼的儿童身上施以他们曾经经历的性侵害的可能性非常大，尤其是在他们寻求帮助的呼喊被无视的情况下。

视觉严重受损的儿童经常会对保留隐私的要求而感到困惑。他们拒绝按照社会规定关上卧室和卫生间的门。他们争辩："所有人都要使用卫生间，为什么还要计较关不关上卫生间的门？"他们将自己视为没有性别的，因此对社会禁忌以及成人的关注点感到很可笑。除此之外，那些对自我形象严重缺乏自信的人经常会有一个危险的认知，即没有人会希望和他们有性关系，因为他们的身体是有缺陷的。

为了形成一个积极的自我认知，鼓励自我照顾是十分重要的。相较于儿童做得不好的方面，教师应当更加关注他们做得好的方面。孩子们的成就和努力都需要得到鼓励。

很多严重障碍的孩子需要忍受工作人员触碰他们身体的一部分，而这种触碰对于没有障碍的人来说是不被允许的。个人护理协助者必须在尊重年轻人隐私的前提下提供必要的帮助。很多人因自己的无能为力感到极其窘迫。当年轻人需要帮助，而这种帮助会触碰他们的隐私部位时，应当询问他们："你希望我为你做这些事情吗？"以便为他们提供可以说"不！我想自己来做"的机会。

征求儿童的允许后进行内科检查，这样的方式改变了长期以来形成的习惯，但很多专家对此显示出了不满。

如果我们希望年轻人能够尊重他人的性，那么他们的性首先就需要得到承认和尊重。当与障碍儿童相处时，工作人员很少被教导如何处理自己对障碍人士的消极感觉。不适和尴尬的感觉会迅速传递给需要帮助的孩子。

在任何教育计划中，所有的孩子都应当获得改善自己健康状况的机会，尤其是对于使用轮椅或有移动限制的孩子来说。锻炼是很重要的，缺乏锻炼也会降低移动能力。班级活动应当符合孩子的发展水平使其能够参与其中。目标设定应当略高于他们之前的最好表现。那些强调希望孩子能获得普通教育的父母经常会在孩子参加体育运动时感到担忧。当孩子参与更多的移动训练时，如去市中心、使用公共交通工具、从轮椅上移到出租车上和通过障碍物，父母会更加担心。

我们可以看到过度保护孩子和不鼓励孩子独立的父母对孩子的独立和自我保护造成了多大的阻碍。

培养智力障碍儿童的社交意识和适当的社交互动能力

一些值得鼓励和练习的行为有：

◇ 对话中与对方保持适当的距离

◇ 进行合适的视觉接触

◇ 对话中使用合适的语言和主题

◇ 展示一套在不同场合广为接受的自我护理流程，例如，寻找和使用公共卫生间，之后洗手

◇ 了解各个场合中什么样的触碰是合适的，例如，何时握手，和谁或什么东西拥抱、亲吻、依偎、轻抚、抓痒①

◇ 展示用来表示拒绝、友好和亲昵的合适行为

孩子们应当学习生活技能，这样就可以在如下情况中掌握主动权：

◇ 预订、付款和就餐

◇ 能够表达不满，并应对来自非障碍人士的戏弄

◇ 在商店中购买个人卫生用品

◇ 使用公共交通工具独自出行（例如：怎样选择座位；在公交车上几乎满员的情况下，决定坐在哪里；在公交车上及车站与谁交流，交流的内容是什么；什么时候和司机交谈是合适的；如果上错了公交车或者忘记在对的车站下车，该怎样做；盯着别人看是否合适；应该什么时候告知别人自己的姓名和地址）

帮助孩子理解在不同的环境中什么主题的对话是可接受和不可接受的。

采取措施使孩子能按自己的节奏前进

请允许孩子按自己的节奏前进，理解每一个概念。对于发育障碍儿童，家长或教师有时可能需要将概念的某个部分稍加改动并使用不同的方式重复几次，直到孩子们表明他们可以将有关安全的知识应用到不同的假设场景中去。相较于已经达到一定独立程度的孩子，有着较差的身体认知或需要练习敢于表

---

① 原注：一些孩子可能需要被教导，在公共场合抓挠自己的生殖器官是不可接受的（但当他们独自在自己的房间、卫生间和上锁的浴室时可以这样做）。

达不满的孩子在学习一些难以理解的内容时，往往需要多次的重复和练习。

应当与家长保持定期的接触以此了解孩子进步的信息。当时机合适时，将孩子的成果报告寄送给家长，使他们能够看到他们的孩子都做了什么。

团体工作

◇ 一般而言，团体越小越好。
◇ 将教学活动安排在不会被打扰的安静且舒适的地方是很重要的。
◇ 如果可能，每个团体除了配有任课教师，还应配一名助理。
◇ 让孩子们坐成一圈，这样可以使每个孩子都和教师或助理，以及其他成员有目光接触。
◇ 在开始的暖场活动中鼓励儿童参与其中并且关注自身。例如，让孩子一边唱歌一边跟着歌曲做动作，帮助孩子建立自己的个人空间；然后，教唱《我的身体》。
◇ 在计划开始时与孩子商定一套团体规则，类似于：
  · 我们倾听并且尊重每个人说的话
  · 我们同意轮流说话
  · 不要歪曲团队成员说的话或搬弄是非
  · 如果感到不适，我们都有离开团队的权利
◇ 在每个教学活动的结尾，都重申一遍团体规则，并强调如果团体成员希望在活动间隙与教师或助理私下交谈，他们可以这样做。

请确保每个孩子都有机会参与到团体讨论中。切忌教学活动被那些最有自信和口才最好的人垄断。提问应针对每个孩子而非整个团体。

培养儿童的问题解决能力

我们不可能为孩子可能遇到的所有危险都做好准备。如果他们可以想到一些可能的解决措施并且选择其中最安全的一种，他们就基本能够保证自身安

全。这是一个只能通过练习来习得的技能。下面这些方法可以帮助培养孩子的问题解决能力：

◇ 明确一个问题是否与孩子相关。
◇ 将围绕该问题的提问结构化："如果某人……怎么办？""假设某人……他/她怎样做才能保证安全？"
◇ 只要有可能，在所有教学活动中都可以使用第三方的方式：提供假设的问题来让孩子解决（尤其是涉及触碰的问题），建议将木偶当作施害者和受害者。接下来围绕受害者如何保证自己的安全展开提问。第三方的方式对于保护可能已经受到性侵害的孩子是很重要的。
◇ 使用头脑风暴的方式来想出一系列可能会用到的策略。如果孩子们还不熟悉头脑风暴的方式，那么应当介绍一些基本规则给他们，例如：
　・每个人都有说话的权利
　・一次只提供一个建议
　・每个人的见解都会得到尊重并且被记录
　・有些秘密应当只和一个信任的人，而非整个团体分享

在每次教学活动的结尾，教师可以与个别孩子单独谈论他们关心的事情。父母和其他家庭成员应当为孩子提供在家和社区中练习解决问题能力的机会。

培养儿童的决断能力

孩子学习并有机会练习决断能力是十分重要的，这样他们可以自信地应对潜在的各种情况。对于学习安全技能的儿童来说，我们不应仅局限于认知教学，还应为孩子提供通过参与和练习来将知识转化为安全行为的机会。鉴于大多数障碍儿童的学习态度都比较被动，通过转变学习态度来改变他们的行为至关重要。

父母、教师和照顾者经常担心，如果给予孩子说"不"的权利，孩子会对他们随意说"不"。顺从的孩子要比能够表达自己的所需和感受的孩子更容易控制。对于成人来说，保护教育应当强调为什么障碍孩子需要适当的决断能力。

"想象当你的父母出门时，一个朋友来照顾你。当他离开时，他摔倒了并且不能移动。他说他可能摔断了腿。这时你该怎样做？"

"想象你在一次学校远足时走失了，并且你身上没有钱。你该怎样保证自己的安全？想象一位女士看见你有困难，并且邀请你去她的家，你该说些什么？为什么？和她走会安全吗？什么是最安全的做法？"

"想象一个男孩给你一些药片并且说：'它们好极了！如果你吃了它们，你就可以做任何你想做的事情。你会感觉相当好。你试试。'你应当做什么？为什么？"

"想象一个年长的男孩或女孩在校园中故意刁难你，你可以做什么来保证安全？"

"想象你独自在外，看见一群粗鲁的年长的男生向你走来，你可以怎样做来保证安全？"

"想象在公交车上有人坐在你旁边，你感到不适，你可以怎样做来保证安全？"

"想象有人威胁你喝啤酒、吸食大麻，或是从商店偷东西，你可以怎样做？为什么？那会是安全的吗？你还可以做什么？"

"假如你和一个朋友在电影院，来了一个人坐你旁边，当灯光暗下来的时候，他把手放在你的腿上，这时你会怎么办呢？"

"假如你独自待在黑暗的房间（或卧室）时感到害怕，为了让你自己感觉更安全，你会怎么办呢？"

"假如你在外面购物时，突然有人提起你的裙子或拉下你的裤子，这是否被允许？而你又会怎么做呢？"

"假如你认识的人给你看不雅的图片，这是否是他可以做的？而你又该做什么呢？"

提供一个积极的学习环境

对于老师和家长们来说，努力提高每个孩子的自尊水平是很重要的。对于自信心不足、表达能力较弱的孩子，更加需要通过表扬他们的努力来鼓励他们。当孩子就安全问题提出建议时，请使用支持性语句，比如：

"感谢你如此努力尝试。那确实是一个难题。"

"做得好！现在，你能想想还有什么其他的吗？"

"关于那一点，你的想法不错，你还能做什么其他的吗？"

有时候，孩子会做出愚蠢的、不安全的反应。在针对日常安全问题时，来自暴力家庭或花费大部分时间观看暴力电影的肢体障碍严重的青少年，是最有可能提供暴力解决方式的，比如：

"如果我回家之后，发现房屋锁着，我会打碎窗户，从窗口爬进去。"

"如果有人随便亲我，我会刺死他们。"

当孩子给出奇怪的建议时，不论是你还是其他人，都不要嘲笑他们。首先要感谢他们的建议，但是要通过提问"那样做安全吗？可能发生什么？还会发生什么？现在告诉我你怎么做会更安全"，让他们想一想如果按照他们的建议去做可能出现的后果。

如果愚蠢的反应继续存在，给予一个坚定的提醒："我们在这里是为了学习维护安全，现在，请再试一次。"重申规则是必要的。当孩子们说他们不能想出解决问题的方法时，用以下问话慢慢引导他们，如："仅仅假设……那安全吗？""现在，如果她……那样是不是更安全？""另外她还能做什么呢？"

还可以尝试其他的方法。像"假设你的确知道"这种语句通常会让孩子们感到轻松，并愿意试一试。

中断公开个人隐私

当孩子们在群体中觉得安全时，他们有时候会将关于家庭争吵或性侵害等隐私信息在大众面前公开。一个青春期的女孩偶然地透露自己是一个父女乱伦罪的长期受害者，她讨厌她父亲的行为，但是直到那一刻，她才意识到父女乱伦是一种犯罪。群体的反应是震惊、怀疑：

"你一定在开玩笑！""你一定很蠢！""你怎么可以和你父亲做那样的事呢？"不支持的反应是一种心理伤害，对于那些公开性侵害经历的孩子来说，他们正承担着失去仅剩的自尊心的风险。

有些被公开的事情是无法预测的。在一次自由讨论中，一个7岁的小孩对全班同学分享了他的隐私。老师听后笑了笑，感谢那个孩子的参与，然后转向下一个发言者，并等待一个合适的私人时间来调查她是否正确地理解了那个孩子所讲的内容。

教师要随时准备中断孩子们将他们自己或家人的隐私信息公开的行为，并保护他们免受伤害。例如，"我很高兴你想告诉我这个。这很重要，我也想听。我们可以过一会儿来谈谈这个吗？只有我们两个人的时候。现在，我们必须完成……"（把孩子引回当前的工作中。）

确保将孩子带到安静、舒适的私人空间来继续谈话。

教导孩子如何保持安全

◇ 告知孩子相关的帮助服务

对于年长的孩子们来说，接触提供关于儿童保护和其他帮助服务的专业人士是有用的，以防需要帮助时，他们不知道联系谁。警察及对障碍儿童有兴趣的社会工作者可能会乐意和一小群年轻人谈论他们在儿童保护方面的工作。应邀请学校咨询师和学校护士向孩子们讲述他们的工作及他们是如何提供帮助的。让孩子们了解一下针对他们的障碍类型的具体服务，也是很重要的。

◇ 确保所有的班级成员能够成功拨打紧急电话和接听（对方付费的）电话

帮助孩子们了解什么是突发事件，教给孩子们如何向警方、消防部门及救护队报告突发事件，确保他们知道什么状况下求助什么部门。如果发生的不是火灾，却向消防队求助，那会发生什么呢？带孩子们到公共电话旁，确保孩子们学会使用它们[①]。

机构应设有便于孩子们使用的公共电话，如对于坐轮椅的孩子们来说，电话机应位于一个合适的高度。这对于寄宿机构来说尤为重要。有人认为缺乏接触电话沟通的机会阻碍了障碍儿童应对突发事件，这也导致真正的紧急情况发生时，他们通常不知道做什么。

为孩子提供练习做出决定的机会

由于障碍儿童很少有机会可以做出决定，因此在教学中为他们提供做出选择的机会是重要的。

老师们可以：

◇ 给孩子们提供一系列活动以供选择
◇ 鼓励孩子们为他们的选择提出理由
◇ 使用合同制度，让孩子们承诺完成自己选择的具体任务
◇ 利用学习中心，让孩子们有各种各样的学习经历
◇ 给孩子们列出一些主题或话题，以供他们选择
◇ 让孩子们轮流选择故事或歌曲
◇ 为孩子们创造性的活动提供各种材料
◇ 帮助孩子们为自己的行为负责

当孩子们表现糟糕时，鼓励他们表达自己的感受以及沮丧的原因。帮助他们意识到他们有权自主选择他们的行事方式。如果他们选择用违反社会公德的方式行事，必须帮助他们理解可能的后果。"如果你那样做，可能会发生什么？然后又会发生什么呢？其他人的感觉是怎样的呢？那真的是你想要的吗？你真正想要的是什么？"

[①] 编注：随着时代的发展，国内的公共电话已逐渐被弃用。教师和家长也要注意与时俱进，教授孩子当下最便捷的、应用最广泛的通信方式。

如果孩子们由于举止不当而被禁止在某些特定的区域活动，那么，一段合理的时间后，他们应该参与决定他们何时为回到该特定的区域并遵守规章制度做好了准备。当然，如果老师们让孩子们参与确定规章制度的内容、需要规章制度的理由以及确定对规则破坏者相对应的惩罚内容，这样会更好。然而，如果孩子们总想对违反规则的其他人采取非常严厉的惩罚，就适当提醒他们。

教导孩子如何有效沟通

当障碍儿童需要帮助时，他们较低的沟通能力常常会阻碍他们寻求帮助。如果教给孩子们以下内容，那将会很有帮助：

◇ 与人沟通时看着对方，目光接触，但不凝视
◇ 使用合适的姿势，与谈话的对象保持合适的距离，既不太近，也不太远
◇ 当沟通严肃的话题时，应尽量使用清晰坚定的语言：智力障碍儿童通常有语言困难
◇ 如果有紧急情况，有礼貌地中断对话

和严重智力障碍儿童相处是一个巨大的挑战。扩大沟通策略可以促进双方的沟通。

运用角色扮演

只要时机适合，应使用角色扮演的方法来强化学习。角色扮演对智力障碍儿童学习安全技能很有效（Anderson, 1982）。孩子们会模拟涉及欺凌或不想要的非自然性触摸的情境，一个人扮演受害者，另一个人扮演施害者。孩子们也能通过角色扮演，将有潜在危险的陌生人的诡计表演出来。孩子们的表演应被控制在 5 分钟左右。

老师担任指导员，在合适的时刻中断进程，询问参与者对于刚刚发生过的事情有什么感受。在讨论完特定的安全问题之后，老师们鼓励孩子们表达自己对角色扮演的想法。小学和中学的孩子们有许多想法，但是在想法的适宜性上

他们可能需要相关指导。严重智力障碍儿童的角色扮演能力非常有限。在一些关键处可以暂停表演，以便孩子们可以就此讨论参与者的感受以及参与者能够做些什么来缓解坏情绪。应使用头脑风暴的方式使孩子们能够就维护安全提出自己的想法。指导员可以中断进程，要求观众来帮助不确定该做什么的"受害孩子"，并给那些表现自信且适当的孩子提供正强化。

为了避免混乱，小组成员想要询问问题时，都应举手示意。不管是参与角色扮演，还是观看角色扮演，孩子们都能从中受益。对于那些需要许多不同机会来探索各种各样的想法的孩子来说，角色扮演会是非常有效的学习途径。

角色扮演为障碍儿童提供了学习并获得自信的机会。孩子们表演指定的虚构情境中的角色，观众成员给予建议、评论和鼓励。角色扮演的规则包括：

◇ 集中注意力于角色上

◇ 尽量不要分心

◇ 成为好的聆听者和观察者

◇ 为更多正确的（安全的）行为提出建议

◇ 玩得开心的同时进行学习

当演示不恰当的触摸时，请使用木偶、玩偶或合适的图片。

第五章
回应真实或存疑的儿童性侵害

孩子公开有关性侵害的信息时，我们应该

- ◇ 把自己的情绪放到一边，注意不要露出惊讶、厌烦或者尴尬的表情。嫌恶或者怀疑的表情将干扰对话，最有帮助的回应是露出支持、冷静的表情，给人一种我们每天都听到这样的事的印象。
- ◇ 尽力保护受害者，不要让他们因为在公众场合公开性侵害细节而受伤害。如果可能，专门安排一个人照顾其他的孩子，以便于你们可以在私人空间继续和孩子谈话。
- ◇ 你可以说："我真的很高兴你告诉我……你一定很担忧……我很抱歉这发生在你身上……成年人知道他们是不被允许对孩子做那样的事的。不幸的是，它却发生在这所学校的许多孩子身上……那不该发生，并且我也想要帮忙。"
- ◇ 绝不责骂受害者，或者对所发生的事情做出评判。
- ◇ 绝不询问会使受害者感到内疚或不适的问题。例如："你为什么不早点告诉我呢？""你为什么不说'不'？""难道我们没有告诉过你不要和陌生人说话吗？""你知道你不能那样回家。""你确定真的发生了那样的事？我简直不敢相信！"
- ◇ 向儿童保护机构报告你所存疑的性侵害事件，调查性侵害是否真的存在是儿童保护机构的职责。
- ◇ 让揭发性侵害的孩子们知道，有必要将此事告诉社会工作者，因为我们一定要尽力阻止成年人对孩子们做这样的事。
- ◇ 告诉孩子们一旦性侵害被报告，将会发生什么事情。
- ◇ 安排受害者去看有资质、有经验的治疗师，或者帮助父母做出安排。
- ◇ 帮助父母联系一个父母互助小组。

当性侵害涉及有听觉障碍且无口语能力的孩子时

当涉及有听觉障碍且无口语能力的孩子时，工作人员应请求儿童保护机构聘请一位有资质且有经验的翻译者。当翻译者在涉及性犯罪的信息方面没有经验，对采访话题感到不自在并且/或者不能得到受害者的信任时，问题就会出现。如果接收报告的工作人员配合翻译者工作，孩子们会觉得更加自在。这种方式对于迫切需要评估的孩子或有智力障碍、多重障碍或者使用一般人不能理解的、非常特殊的沟通系统的孩子来说是有用的。

调查怀疑

老师们往往有孩子们被性侵害过的直觉，却苦于没有确凿的证据。老师们的直觉是一段时间内许多零星观察的结果。老师们通常不愿意验证自己的直觉，因为他们不知道说什么，并且害怕使孩子们抱有幻想。

当我们有这样的直觉时，我们应对怀疑受害的儿童的健康表示如下关心：

"我真的很担心你，你最近都变得不是你自己了，我不希望看到你如此难过。我知道有些事正困扰着你，是某些事还是某些人？是发生在家里还是学校？你能告诉我吗？为什么不行？那是秘密吗？是好的秘密还是坏的秘密？其他人知道吗？要是你告诉我会发生什么呢？谁这样说过？"

这种类型的提问最有可能引出所需要的信息，却不要求孩子说出秘密。如果孩子们还没有上过有关什么秘密该保守、什么秘密该公开这样的个人安全课程，那么有必要告诉他们不必保守坏的、令人讨厌的秘密。当孩子们出现困扰的情绪，并对某个人很生气时，我们可以问问下面这些问题：

"你似乎对……很生气。
让我们谈谈吧，你能告诉我发生了什么让你心烦意乱的事情吗？
你为什么不能告诉我？它很难说出口吗？是秘密吗？

（继续之前的内容）……

他/她用你不喜欢的方式触摸你吗？

你不得不用你不喜欢的方式触摸他/她吗？……

（温柔地）你能指出他/她摸了你哪里吗？

（或者）你能在这个玩偶（或图像）上指出那个地方吗？"

确保你的表达方式符合儿童的发展水平。让孩子们告诉你他们将隐私部位称作什么，并在交流时使用他们的词汇。

使用开放式问题

为了避免对孩子的证据造成破坏的可能，尽量使用开放式问题，而不是强制回答"是"或"否"的封闭式问题。

开放式问题允许有一系列可能的答案。例如，问"告诉我他摸了你哪里"，而不是"他摸了你两腿之间吗"。当怀疑侵害发生时，立即作一个记录，记录发生了什么，问了什么问题，孩子怎么回答的。

当被指控的是青少年时

青少年性犯罪应像成年人性犯罪一样被报告和严肃处理，他们的行为具有同样的危害性。性侵害是习惯性的，为了降低青少年施害者成为惯犯的可能性，对他们进行处理很重要。

告发犯罪行为

只要有合理的理由确定发生过性侵害，就应该直接向相关儿童保护机构告发犯罪行为，绝不要直接告诉受害者的父母，通知受害者的父母是社会工作者的职责。如果你首先告诉父母，他们可能会盘问并警告施害者，或者，如果涉及的是某个评价良好的家庭成员，他们可能会说服孩子撤销指控。

学校和寄宿制机构的员工有义务去通知当地儿童保护工作者，并且和那些能够快速回应障碍儿童性侵害的可信人士建立起支持性的关系。如果需要立即采取行动来阻止施害者逃避检查，可以叫来警察。当警察必须询问受害儿童时，最好是由擅长处理特殊儿童性侵案件的警员来完成。

使孩子确信报告是正确的

通过谈论性侵害，让受害儿童知道他们做的事情是正确的，这一点很重要。须频繁地向孩子保证，他绝不会因大人所做的事而受到责怪。如果涉及保守秘密，要向孩子解释施害者之所以让他保守秘密，是因为他知道他做的是错误的事情，他害怕陷入麻烦。孩子们知道同伴群体会用这种策略，但是他们很少意识到成年人也会使用相同的策略。

评估程序

告发之后，社会工作者和警察会详细地询问受害儿童。接下来，受害儿童将接受由儿科医生组织的医学评估，以及在这方面有专业技能的儿童心理学家组织的心理评估。如果起诉被受理了，孩子还将接受控方律师的询问。

每个专业都有各自的优势。孩子们可以放心地告诉这些不同的专业人士发生了什么，因为他们在这件事上都是想要帮忙的。

有必要让询问者在询问之前认识到，孩子们的理解水平、沟通能力以及特殊需要是不同的。可以由孩子选择一个支持者或翻译者在询问现场。父母绝不应该出现在现场，因为他们很难隐藏自己的情绪。为了减少引起父母悲痛的风险，孩子们会改动他们所说的事情，隐瞒可怕的细节，尽量少说发生过的事情。如果父母在现场，调查员极少能听到完整的事件经过。

支持父母

在某些地区，有可用于为受侵害儿童的非犯罪父母提供支持的组织，这些组织是通过评估程序和诉讼程序来提供支持的。这些组织的工作人员通常是有同样的痛苦经历的家长，他们帮助受害儿童的家庭成员控制自己愤怒和困惑的情绪。当侵害者不仅背叛了孩子的信任，而且背叛了父母的信任时，这种类型的帮助尤其必要。

如果当地没有上述这样的组织，可通过家长辅助小组、社区妇女健康中心、强暴危机中心及其他社会服务获得家长辅导服务。老师们应了解一下当地的心理咨询机构，以便必要的时候可以向家长推荐。心理咨询是至关重要的，因为如果家长不能控制他们自己对孩子遭受性侵害这件事的情绪，他们就无法以有效的心理干预方式支持他们的孩子。

支持受性侵害的儿童

老师、照顾者及父母可以用下列方法为遭受性侵害的受害儿童提供支持：

◇ 当孩子揭发性侵害之后，立刻靠近孩子，给他/她提供一种生理上的安全感。

◇ 绝不允许许下保守性侵害秘密的承诺，如果意外地许下了这个承诺，成年人也应向孩子解释为什么一定要报告侵害。

◇ 尊重孩子的隐私，不要在办公室或当着其他人的面讨论揭发出来的秘密。

◇ 不断强调，无论孩子们做什么，他们绝不会因为那些比他们强壮、年长的人对他们所做的事而受到责怪。

◇ 与孩子保持一种正常而亲切的互动。

◇ 不要承诺：报告性侵害将保证孩子的安全。没有人可以给出那样的保证。

◇ 当受害者看上去担心或伤心时，把他们带到一边并确认他们已经度过了那段非常令人担忧的时间。请他们将此刻困扰他们的事情说出来。

◇ 当受害者表现得咄咄逼人时，告诉他们感到愤怒没有关系。如果可以，请他们表达自己的愤怒情绪，为他们提供释放愤怒的治疗性活动。

◇ 当受害者必须接受医学检查、调查或者出庭而这会使他们想起性侵害时，他们需要额外的支持。因为在调查前后以及当他们看到施害者时，他们的行为会立即有所退缩。
- ◇ 如果受害者表现得柔弱顺从，向他们保证，保证他们再也不用做那些事情来取悦成年人，确保他们任何时候都可以拥有安全的拥抱。
- ◇ 如果受害者先前和施害者的关系很好，允许受害者善待施害者。

向儿童保护机构告发怀疑有性侵害事件发生时需要的信息

- ◇ 孩子的姓名、地址、电话号码、性别、出生日期以及所在的学校
- ◇ 疑犯的姓名、地址、职业以及与受害者的关系
- ◇ 孩子说了什么或做了什么，或者其他人说了什么，从而引起怀疑
- ◇ 性侵害的细节或者其他要素，包括日期、时刻、频率以及环境
- ◇ 受害者目前的家庭或者受照顾情况，如住在哪儿以及和谁一起住
- ◇ 家庭参与的其他服务

对于机构来说，为老师们提供事件报告机会是有用的，以便于他们能（定期）做好可疑行为的记录（详情见第98页）。

性侵害受害者的治疗

学校和寄宿制机构有责任帮助所有受害儿童在性侵害之后接受治疗，这一点很重要。切记，对于某些儿童来说，哪怕只是隔着衣服的性接触也会让他们十分痛苦，我们不能根据自己对侵害情节的严重程度来判断他们的感受。

治疗的必要性：

- ◇ 减轻受害者因施害者造成的自责感
- ◇ 减轻非犯罪的父母的自责感
- ◇ 探讨受害者对自己的障碍的看法：孩子们认为他们被侵害是因为他们有障碍。不要试图说服他们这样想是错误的，只需要从受害者的实际情况

出发，并结合施害者选择儿童作为性侵害对象的原因与孩子进行探讨。陈述的原因中可以提及障碍这个因素，但是应以坚定的态度表明问题出在施害者的身上（没有理由）。那么，接下来也就没有什么理由再去推断为什么某个儿童会被选择作为性侵害的对象了。

探讨信任问题来帮助受害者重获他们对其他人的信任和对他们自己的信心。提供关于正常的性和人际关系的基本知识，这很重要，因为受害者已经了解了不正常的性行为，如果我们不教给他们什么是正常范围内的适当行为，那么当他们再次遇到不正常的性行为时，他们就不能识别。

如果有必要，讨论同性恋问题，向男孩们保证他们被选择是因为他们是小孩，而不是因为他们的娘娘腔、软弱无力或者同性恋倾向。如果男孩们享受来自生殖器官的刺激并且没有和女孩相处的经验，他们就很有可能担心自己是同性恋。如果不为他们提供相关知识，他们通常会将初次射精误以为是严重疾病的征兆，如器官内部有脓肿。

当人们没有接触过同性恋时，对他们来说同性恋是最难讨论的话题之一。不论父母、老师或者治疗师感觉如何，必须为受害男童提供讨论这些问题的机会。此外：

◇ 谈论侵害原动力，以此减少"创伤后自我贬损综合征（damaged goods syndrome）"的生成
◇ 探讨关系和性关系
◇ 教给孩子个人安全技能，并告诉他们所拥有的权利
◇ 建立情感沟通方式
◇ 鼓励情感独立，帮助孩子识别和表达情感
◇ 鼓励孩子形成并运用决策技能，减少对其他人的依赖
◇ 探讨障碍问题以及受害者心中的疑虑，即他们被性侵害是否是因为他们坏、不正常和有障碍
◇ 探讨并鼓励健康地释放和障碍有关的愤怒情绪
◇ 探讨有关身体、对障碍的接受以及自尊心和独立能力的发展问题

◇ 通过探讨关系中的不合适/合适的价值观念，帮助受害者形成个人价值体系
◇ 探讨并说明什么是不恰当的性侵害行为、自残行为和挑衅行为
◇ 帮助受害者表达他们对于性侵害、施害者以及未能保护他们的成年人的愤怒，以此减轻抑郁

对于孤独症儿童或语言能力和运动能力受限的脑瘫儿童来说，表达愤怒或其他普通人能够理解的情绪是很困难的。大多数时候，往往由于孩子难于表达敌对的情绪，身边的人看不出他们有这种情绪存在。愤怒往往出现在性侵害之后，治疗师必须探讨释放不良情绪的方式。

对于治疗师来说，还有一个困难在于障碍儿童通常缺乏有效的词汇来描述他们的情绪。他们有"好的"和"坏的"这两个词，介于两者之间的词汇几乎没有。他们没有"沮丧的""失望的""困扰的"这样的词汇或者更加精确和具体的其他人能够理解的概念。治疗师和社会工作者需要找出并填补这样的语言空白。没有调查孩子掌握了或缺乏什么词汇就着手特殊的面谈或治疗，这是没有用的。

治疗时存在的阻碍

如果没有得到支持和治疗，受害儿童可能会有严重的情绪困扰，这通常会导致他们对其他孩子实施性侵害。

一旦受害者成为施害者，新的性侵害的受害儿童就会出现。有障碍的受害者获得治疗性帮助的可能性最小，原因如下。

施害者拒绝负责

当施害者是孩子自己社交圈中的成员时，受害者是很难得到帮助的。当他们遭遇性侵害时，无力感是极强烈的，而这种无力感因他们的儿童身份和障碍情况而更加强烈。当施害者是亲属时，受害者通常基于维护家庭完整的责任感

而保持沉默。同样，当施害者是工作人员时，其他人又会联合起来保护这个成人，受害者也被期待保护这个成人，而这些成人本应该保护受害者，这种角色的反转给受害者带来巨大的情感伤害，因此，治疗是必要的。

否认需要外界的帮助

即使父母承认他们的孩子受到过性侵害，他们通常也会否认需要外界的帮助，坚持认为"自己的孩子在家很好""自己的孩子很快会忘记的"。

只要有可能，学校和寄宿制机构都应做出规定让受害者去治疗中心。有许多理由可以解释为什么最好不由父母去承担这项任务。

因为父母无论什么时候送孩子去治疗中心或在治疗中心接待区等待，痛苦的记忆和不能胜任的感觉都会复发，所以，对父母来说，带孩子去治疗中心一点也不容易。当障碍儿童遭遇性侵害时，他们的父母除了要经历孩子清白的丢失、信任被背叛和性侵害的其他方面所带来的痛苦，还将面对自孩子出生以来就有的内疚感。

为了使他们的失约和终止治疗的行为合理化，父母通常会否认治疗和治疗师的价值："那只是在浪费时间，孩子只是画画和玩游戏，这样的话，他们在家也可以完成。"

当障碍受害儿童的父母愿意带孩子去接受治疗时，学校和机构的一些有偏见的专业人士甚至会阻挠他们并设置障碍，否认治疗的必要性。因为持有误解，某些父母、老师和社会工作者也会否认性侵害对障碍儿童造成的伤害。某些专业人士还会贬低其他专业人士的努力，深信即使没有外界的帮助，受害儿童也能处理所有的问题。

如果孩子表现出情绪困扰行为，而他们的父母拒绝让孩子接受治疗，那么，应该要求社会工作者出面。在某些情况下，陈述法律条款以确保孩子能得到治疗是有必要的。

缺乏有资质、有经验的治疗师

尽管涉及障碍儿童的性侵害发生率很高，但是有此方面专业技能的治疗师几乎没有，而这些技能是和有视觉、听觉、语言或智力受损受害者相处所必需的。

英国儿童侵害预防研究学会障碍和侵害工作组（BASPCAN: Kennedy, 1989）发现为听觉障碍人士服务的社会工作者中，只有50%的人有相关的资历。一些工作人员在调查报告的性侵害时，从来没有真正地和障碍受害者面谈过，他们仅仅和受害者的家庭成员及被控告的人交谈过，却忽视了最重要的人。

目前非常缺乏能够使用手语为有听觉障碍且无口语能力的受害者提供服务，以及理解听觉障碍儿童眼中的世界的治疗师。在英国就有6.5万个听觉障碍儿童，即使有有经验的治疗师，也难以让他们负责如此巨大的人群。

在儿童保护这个特殊的领域，工作人员必须充分理解儿童性侵害和障碍受害者的特殊问题。因为要和有听觉障碍且无口语儿童相处，他们必须具有高水平（阶段3）的手语技能。理想的情况是，应制定培训计划，这些培训计划应包含面谈技巧与手语的培训，还应探讨翻译者在儿童性侵害背景下的角色。

如果无法实现上述要求，那么特殊教育和寄宿制机构的管理者应配置擅长与障碍受害者打交道的治疗师，最好是在受到性侵害的孩子被确认之前，一个常规的支持网已经建立起来。

拥有一个独立的治疗师的重要性

当孩子接受治疗时，他们的老师和父母须与治疗师保持定期联系，以确保孩子在家里和教室里得到持续的治疗。老师要和孩子保持长期联系，因为他们的观察对治疗师了解孩子的进步情况很重要。另外，他们应尽可能地参加与他们班上的孩子们相关的个案会议。

当找不到能为有听觉障碍且无口语儿童提供服务的治疗师时，父母和老师有时候会在非专业顾问的指导下一起合作。这一做法不值得提倡,因为它无法满足受害者对隐私及独立、专业的帮助的需求。

在治疗环节,老师或家长的出现会对孩子产生限制或控制的影响。在最初的阶段,孩子应该自由表达愤怒。但愤怒的矛头不仅指向施害者,也会指向父母。受害者也需要空间和许可来探讨他们关于学校的感觉。如果老师在场,自由表达的机会就会受到限制。

孩子在治疗时应获得一种控制感。治疗是针对他们的。获得控制感可以补偿被施害者剥夺的力量。老师和父母可能是孩子生活中最强大的人,他们中任何一方在场,都会阻碍治疗师让受害者获得控制感的努力。

孩子需要一段时间才能获得谈论所发生事情中的细节的勇气。对他们来说,将这些细节分享给和他们生活在一起的人是不合适的。受害者能和他们的治疗师吐露这些亲密的细节,是因为他们知道当他们离开的时候,他们能"切断联系",直到下一次治疗开始。那些会在其他的环境中遇到自己的治疗师的人缺乏这种安全感。他们会感觉不断地被提醒自己的性侵害遭遇,因为太有压力,他们就会勉强地吐露并探讨自己的情绪。

父母和兄弟姐妹应有单独辅导。如果是乱伦的情况,应将家庭辅导安排到更晚的阶段。

事件报告

班级：_____ 日期：_____

老师：_____

儿童姓名：_____

家庭地址：_____

出生日期：_____

事件发生日期和时刻：_____

看到了什么及目击者：_____
_____
_____

说了什么及说话者：_____
_____
_____

参与的人或者谈到的人：_____
_____
_____

报告给：_____

警察：_____

儿童保护机构：_____

其他：_____

第二部分
PART 2

模块一
培养孩子的自尊心

目的

为了培养孩子的信心和自尊。

老师、父母及照顾者的注意事项

为了提高孩子的个人安全技能,老师、父母及照顾者应利用一切可能的机会来培养孩子的自尊与自信。为了获得最佳效果,应将教学策略和活动整合在整个课程中并运用于家庭中。在家长工作坊里,应邀请参与者提出建议,以增加孩子在日常生活中做出选择的机会;也应指导父母使用正强化和积极的儿童管理策略。

在南澳大利亚阿德莱德摄政公园中心,以下活动已在普通儿童和重度的多重障碍儿童中得到有效开展。当然,应根据每个成员的能力水平调整具体内容。

用于培养孩子自尊心的活动

◇ 让孩子们轮流分享一项关于他们自己的正面信息,比如发生过的、让他们感觉很好的事情,或者他们喜欢做的事情。

◇ 给孩子们提供机会去拼、画或涂让他们感觉好的事物的图片。

◇ 让孩子们给虚构的朋友写、口述一封信,或者将这封信录成录音,向这位虚构的朋友描述他们自己和他们生活的一部分,比如详述他们喜欢和讨厌的东西,他们如何度过空闲时间,他们最喜欢的体育明星、电影明星、流行音乐明星,以及他们如何形容自己的身体和家庭。

◇ 鼓励孩子们照顾其他人。给他们提供为彼此制作礼物和分享食物的机会。当孩子们因病缺席超过一周时，鼓励班里的成员制作一张巨大的"我们想念你"卡片。一些孩子受到了许多照顾，但是他们很少有机会给予其他人照顾。

◇ 鼓励孩子们彼此打招呼和说再见。

◇ 提供机会和榜样，鼓励孩子们在合适的时候给他人积极的反馈。

◇ 腾出时间安排积极反馈环节。帮助孩子们把积极、匿名的评论别在那些他们想要与之沟通的人的后背上。在该环节的最后，让收到评论的人读出或请人读出这些评论。

必须确保所有的孩子都能得到积极的反馈，拥有好的情绪不再只是已经有积极的自我形象的孩子们的特权。

◇ 可以考虑让孩子们参与同辈辅导和跨年龄辅导。这在学校、野营活动中，以及南澳大利亚的国家青年训练船的航海旅行中得到了有效应用。也可以邀请社区的退休人员来为有特殊需求的孩子们提供辅助。和参与的帮助者一起商定他们想要和其他人分享什么技能。在早期阶段，跨年龄辅导需要密切监督。因为当年长的孩子们（有或没有障碍）参加这样的辅导时，他们总倾向于把很大一部分的治疗时间用于玩玩具，忽视了年幼的孩子们出现在这儿是为了获得帮助。应基于结果安排好治疗过程。通过这样的方式，年长的孩子们获得了自尊心，因为年幼的孩子们视他为准教师，这给了他们不寻常的能量和责任。同时，他们必须以伙伴的身份和老师们一起工作，以此促进参与成员学习使用合作模式。

◇ 引入班报，提供机会让孩子们看到他们被印成铅字的名字。可以将小成就写成短篇文章，也可以将个人安全计划进展的情况写在班报上。孩子们可以自己给班报取名字，自己制作插图。一些人负责照相，或者在他人帮助下组织视频访谈。班里的孩子也可以担任记者一职。

◇ 提供"我为你自豪"和"我为自己自豪"这样的布告栏来展示孩子们的学业或者关于他们成就的信息。

◇ 围绕如下标题制作大型课堂用书或布置布告栏：

"曾发生在我身上最好的事情"；

"我曾为其他人做过的最好的事情"；

"我今年能做去年却做不了的事情"。

◇ 制作"我"海报：对于那些动手能力有限的孩子们，鼓励他们使用绘画作品来表示他们喜欢或讨厌的事情，比如颜色、食物和衣服。

◇ 利用家人的照片，制作一系列个人书籍，如《关于我的一切》《更多关于我的一切》和《比更多还多的关于我的一切》。

◇ 制作相框（或买透明塑封膜）来挂起或展示照片。

◇ 用照片和孩子们关于醒目特征的描述来制作并展示"通缉"告示。

◇ 帮助孩子们草拟他们自己的"权利法案"。

◇ 帮助孩子们创建安全规则。

◇ 在可能的情况下，使用或改编提供的工作表。一些孩子可能具有口述回应的能力。如果孩子们不会画画，应该鼓励他们使用个人照片或者杂志上的图片来做拼贴画。

◇ 庆祝生日。以团体合作的方式为班级成员制作巨大的生日卡。

◇ 对所犯的错误和从中所学到的经验教训进行讨论。

◇ 排练戏剧或木偶戏，并在班上表演。

◇ 让孩子们评选"本周人物"。

◇ 在这天结束的时候，为孩子们创造机会来讨论他们的成功之处。

◇ 让孩子们给出关于他们喜欢的某人的线索，其他的班级成员必须猜出说的是谁。

◇ 在镜子上贴上"这是世界上最重要的人"的标签。

◇ 帮助孩子们制作"我的树"，在树枝上贴上他们个人的好恶。

◇ 帮助孩子们用从杂志上裁剪下来的图片制作"我"的拼贴画，这些图片都反映了他们自己或他们的好恶。

孩子们应负责选择和制作他们自己的插图。家庭照片、杂志图片和明信片可以替代绘画和拼贴画。成年人不应替代孩子完成绘画，哪怕孩子们向他们提出这样的请求。如果成年人帮忙，孩子们会不满意他们自己的努力并继续寻求帮助。接下来，孩子们就会停止尝试自己做事，失去自尊心和来自创作的快乐。当孩子们参与需要团体合作完成的图画或者拼贴画时，成年人应同孩子一起商量如何开始以及从哪儿开始。成人监督员应承认孩子们对工作投入的努力。

在这部分计划中，老师和父母应该向孩子们引入这样的概念，即他们拥有权利。对那些几乎没有独立过的孩子们来说，这是很难教给他们的想法。同时，要教给孩子们，他们既拥有权利也要承担义务，这也很重要。他们要对自己的行为负责，并有义务确保自己不会伤害或危及其他人。

如果孩子们不能完成工作表，应该鼓励他们口述给能够帮他们做记录的支持者。

工作表

这是我的照片

这是我

我的名字是 _____

我住在 _____

_____

我的电话号码是 _____

我的头发是 _____

我的眼睛是 _____

我的脸是 _____

我的鞋子是 _____

其他特征 _____

_____

工作表

这是我的家庭

我的父母叫：_____

_____

我的兄弟姐妹叫：_____

_____

我的祖母叫：_____

我的祖父叫：_____

我的伯父、伯母 / 叔叔、婶婶、舅舅、舅妈、姑父、姑母叫：_____

_____

我的堂兄弟姐妹、表兄弟姐妹叫：_____

_____

我有 _____（宠物），它们是_____

它们叫：_____

_____

这是我和我家人的照片

工作表

关于我的具体信息

我的生日在 _____

我将满 _____ 岁

对于生日，我真正喜欢的是 _____
_____
_____

我很开心，当 _____
_____
_____

我喜欢某人说 _____
_____

一些人叫我 _____
_____

我喜欢被叫作 _____
_____

我陷入了麻烦，当 _____
_____

我希望人们会 _____
_____

我最讨厌的是 _____
_____

我会很坚强，当 _____
_____

工作表

关于学校

我的学校叫 _____

_____

我的老师叫 _____

_____

我的班级是 _____

_____

我最好的朋友叫 _____

_____

_____

在学校,我喜欢 _____

_____

_____

我讨厌学校的 _____

_____

学校会更好,如果 _____

_____

我真正擅长的是 _____

_____

我喜欢某人对我说 _____

_____

我在学校里的朋友是 _____

_____

工作表

我感到自豪的事情

（举例：我制作的东西，属于我的东西，我能做的事情，发生在家里或学校的某些事情，我帮助他人的事情，我学会的事情）

_____
_____
_____
_____
_____
_____
_____

我喜欢的关于我自己的是

_____
_____
_____
_____
_____
_____
_____
_____

工作表

我能做好的事情

（这些是我现在能做，一年前却做不了的事情。）

_____
_____
_____
_____
_____
_____

如果我非常努力，我能 _____

_____
_____
_____
_____
_____

但是，我真正想要做到的是 _____

_____
_____
_____
_____
_____
_____

工作表

我喜欢……

我喜欢人们 _____

_____

_____

_____

_____

_____

_____

我不喜欢人们 _____

_____

_____

_____

_____

_____

_____

人们喜欢我，当 _____

_____

_____

_____

_____

_____

_____

工作表

关于帮助

有时候，我喜欢某人来帮忙。我想要得到帮助，当 _____
_____
_____
_____
_____
_____

我不喜欢人们一直帮助我。我不想要任何帮助，当 _____
_____
_____
_____
_____
_____

有时候，我帮助其他人。我喜欢帮助其他人，当 _____
_____
_____
_____
_____
_____

我会这样提供帮助：_____
_____
_____
_____
_____

工作表

善待彼此

你曾经对某人好过,他们却忘记感谢你吗?
___
___
___

你感觉如何?
___
___
___

你希望发生了什么?
___
___
___

有没有某人在家或学校帮你做过某些事,你忘了感谢他们?
___
___
___

你会说什么?
___
___

现在你会为别人做什么?
___
___

工作表

"关于我的一本书"的主要内容

◇ 我的姓名和住址

◇ 我的年龄和出生日期

◇ 我的班级和学校

◇ 我的家人

◇ 我的朋友

◇ 我的宠物

◇ 我最喜欢的玩具和游戏

◇ 我最喜欢的电视节目

◇ 我最喜欢的歌曲和歌手

◇ 我最喜欢的电影

◇ 我最喜欢一起玩耍的人

◇ 我想要与之玩耍但目前不与我玩耍的人

◇ 我真正能做好的事情

◇ 我想要做好但我目前不能做好的事情

◇ 我今年学到的东西

◇ 我生活中最重要的人

◇ 让我感觉真的好的事情

◇ 让我感觉真的坏的事情

◇ 让我感到真的快乐的事情

◇ 让我感到真的悲伤的事情

◇ 我喜欢的关于其他人的事情

◇ 我不喜欢的关于其他人的事情

◇ 我感到自豪的事情

模块二
培养孩子的自我肯定技能

目的

提升孩子的自我肯定技能，以便他们能够以一种有效的方式应对潜在的不安全的情况。

老师、父母及照顾者的注意事项

父母和学校工作人员有必要了解为何以及如何鼓励孩子自我肯定。对于孩子能够在课堂外练习自我肯定技能，并学会何时该遵从他人的意愿，何时不该，家庭支持是极其重要的。一些孩子可能会因错误地运用他们新获得的自我肯定技能而拒绝接受合理的请求，比如说在合理的时间上床睡觉或帮忙做家务。基于这个原因，我们需要讨论在何种情况下，拒绝指令是合适的。孩子们必须知道他们在行使自己的权利时千万不可以威胁其他人合理的权利。这一点通常会融入日常的教学策略，并通过讨论被强化。自我肯定的态度需要孩子们使用某些词汇来传递，比如"不"和"停止"（而不是语气较弱的短语，比如"我宁愿不……""我不知道……""我真的不想，但是……"）。

如果一个陌生人继续实施孩子不想要的行为，孩子需要采取他们之前学到的安全措施。自我肯定意味着在不损害他人权利的同时，坚决维护自己的权利。

◇ 教给表达自我肯定的身体语言，鼓励孩子说"不"的同时摇头，站起来（对于坐轮椅的孩子来说是"坐得笔直"）并且直视那个人的眼睛说出"不"。成年人也应帮助孩子坚定地喊出"不"。

◇ 教孩子不要卷入争论。因为在争论中，孩子很容易被年长的和更强壮的人说服。更多的时候，孩子需要说的是"那不被允许"或"我的父母不会让我那样做"以表明自己拒绝的决心和强大的信心。

◇ 教育孩子重复有时候是必要的。可能需要在多次重复"不"这个词之后，对方才能接受这个回答。

◇ 鼓励孩子使用赋予人力量的语言，而非受害者的语言，教育他们对自己的行为和感觉负责。"他让我做……"和"她让我做……"应该渐渐从课堂词汇中消失，因为这样的表达会让孩子否认对自己的感觉和行为负有责任。这样的陈述包含两项隐含的假设：第一，我们不为自己的感觉和行为负有责任；第二，我们个人的情况只能通过其他方面得到改善（也就是靠较好的运气，而不是靠我们自己的努力）。

◇ 鼓励孩子用以"我"开头的陈述代替以"他/她让我……（愤怒）""他让我做的"等开头的陈述，例如："我这样做，是因为当他取笑我的时候，他让我心烦意乱"，"我这样做，是因为我害怕……"

以"我"开头的陈述更加有力量。孩子可能会有被迫做违背自己意愿的事情的情况。这时，要通过"好的，或许是他让你做……而你本可以怎么做呢？"这样的引导帮助孩子更好地应对这些情况。

不要使用那些显示受害者回应态度的常用表达。女性通常使用"只有""仅仅"等词来贬低自己，她们在电话里用"这只是我"来介绍自己。这些词汇的使用代表着自我贬低。

"我正努力做……""我想要去……但是……"这样的句子体现了自我肯定的缺乏。与之对应，表明意图的直接陈述有"我将做……""我将去……""我想要……""我将……"

同样，"我不能做"和"我不知道"通常用来表达消极的反应，而不是"我不想做，是因为……"当孩子们声称他们不知道如何解决日常问题时，问问他们："假设你知道……你认为你能做什么？"这样的问题会让孩子感到轻松，从而愿意试着回答。

◇ 教孩子认识什么是紧急事件，确保他们知道在各种不同的情况下，他们会进入紧急状态、尖叫、呼叫他们的父母甚至警察。他们需要知道怎样打电话,如何说出姓名、地址、电话号码、位置等信息,以及如何清晰简明地描述紧急事件。如果没有参加儿童保护计划,8岁以下的孩子(无论是否有障碍)几乎都不知道自己的姓名、完整的地址和电话号码。孩子需要大量的时间练习做出准确的报告,应该动员家庭成员在家中为培养孩子的这些能力提供帮助。父母和老师应通过角色扮演(成年人扮演电话接线员),为孩子提供练习打电话及报告需要帮助的问题的机会。

◇ 教孩子如何在没有钱或电话卡时使用应急的公共电话。

◇ 带孩子去百货公司并在百货公司经理的帮助下,让孩子了解如何在迷路时利用公共广播系统找到父母。指出在运动会、狂欢节和盛装游行等这样的场合中公共广播系统的所在位置。向孩子展示警察如何利用无线电来帮助迷路的孩子们。针对可能的情况,练习使用问题解决策略。

◇ 邀请孩子对每个环节进行评价,确保父母有机会提供有关对孩子遇到的问题、经历和进展方面的反馈。

自我肯定

有时候孩子很难说出"不"并表现得十分肯定。用坚定的语气说出"不"需要许多的练习,这对被教育要恭顺的女性来说尤其困难。孩子们需要机会来练习在"假设的"情况下使用这项技能。在这个过程中,他们可能会将自己的经验融入其中。

将不同的情境通过角色扮演呈现出来。例如,一个强悍的孩子对另一个弱小的孩子说:

"把你的午餐钱给我,不然我会在回家的路上打你。"

"把你的笔给我……我需要它……快点,你现在又不用它,我想要它。"

"我们把这些玻璃扔向那个小孩,这多好玩啊!"

"我知道如何从商店免费获得一些巧克力和冰棍儿,你和我一起去,我会给你展示一遍。"

"今天我们逃学吧，去一个好地方。"

尽可能地呈现更多的情境，鼓励孩子考虑受害者的感觉并思考这些受害者可以怎么做来维护自己。

对朋友说"不"

对我们喜欢的人说"不"是困难的。孩子需要明白有些时候可以说"不"，其他人也可以对他们说"不"，但这并不表示他们不再是朋友。我们都要学习在不让自己感到生气或不安的前提下接受"不"。

应该为孩子提供练习对同龄人和成年人说"不"的机会。

对欺凌者说"不"

你知道欺凌是什么吗？欺凌者做了什么？当欺凌者比你大、比你强壮时，真的很难对他说"不"。

看一下下页的图片。

那个坐轮椅的女孩想要像那样被推吗？你怎么知道的？

不要让欺凌者破坏了你美好的一天。

有时候你能正好躲开他们。但是，有时候你需要向成年人求助，让他们来应对欺凌者。

告诉我你所知道的欺凌行为。

为了阻止欺凌者，我们能做什么？

记住，绝不欺凌其他人。

不要容忍欺凌。

"要是……将怎样"卡片

为了便于小组讨论，制作代表不同情况的词汇卡片。询问孩子们曾经遭遇的欺凌经历，根据他们的需要发放卡片。描述完每种情况之后，添加两个问题："你感觉怎么样？"和"遇到这个问题，你能做什么？"如果有必要，将话题引向有关安全的议题。

欺凌和攻击行为

你正在外面玩耍，这时有人故意踢你。

你走在拥挤的人行道上，这时有人故意推你，你掉进了排水沟里。

一个欺凌者掐你胳膊。

你在学校经历了糟糕的一天后，回到家，你的妈妈朝你大喊大叫。

你正排队进教室，这时有人为了能赶在你前面，过来抓你的头发。

大孩子捉弄你，给你取难听的绰号，还在校车上骚扰你。

大男孩朝你走过来，搂住你，说："快点……让我们接个吻。"

故事

辛迪生日的时候，收到了一个新的玩偶。她把玩偶带到学校，向老师展示它。她最好的朋友想要玩它，但是辛迪不想和玩偶分开，这个玩偶是全新的，她害怕其他人会弄坏它或毁掉它。

辛迪一定要和别人分享她的玩偶吗？

为了保护玩偶不被弄坏，辛迪能做什么？

这会使她的朋友心烦吗？

像这样的事是否曾经发生在你的身上？

如果辛迪说"不"，这是否意味着她不再喜欢她的朋友？

你总是不得不听从于更强大的人吗

你总是不得不做成人和更强大的人要你做的事情吗？讨论以下情况：

假设一个成人叫你到机动车道上玩。你必须要这么做吗？

为什么？

假设一个成人说："滚开！"你必须走开吗？

为什么？

假设一个成人让你把某些东西放进嘴里，而这些东西是你之前从未见过的。你必须要这么做吗？

为什么？

假设你和一个大男孩在商店里，他给你看了一个电子游戏卡，并且说："我想要你为我偷出来。"你必须要这么做吗？

为什么？

假设一个你认识的大人说："快点，亲我一下。"你必须要这么做吗？

为什么？

老师的注意事项

这个环节可能为引入诱导这个非常复杂的概念提供一个合适的机会。一些孩子可能知道当他们不配合同伴提出的要求时,他们的同伴会通过戏弄他们或使用谎言来获得他们的配合。然而,这些孩子很少能意识到成人和较大的孩子也会使用同样的方式来诱导不恰当的接触。

模块三
应对危险

目标

提高孩子的通用安全技能。

老师、父母及照顾者的注意事项

鼓励家长教一些在家里会用到的安全技能,比如:

◇ 独自在家时,如何安全地接听电话

◇ 独自在家时,如果感到不安全,应做些什么

◇ 独自在家时,如果有人敲门,应该做些什么

◇ 如果有人闯进家门,应该做些什么

◇ 如果煎锅或电器(如电视或音响)着火,应该做些什么

从宣传事故预防知识的机构那里获取相关信息。教授孩子使用电、水、喷头、平底锅、热水壶、药品和家用化学物品,遭到蚊虫叮咬,上楼梯以及遇到其他危险情况时的安全注意事项。

引入培养安全意识的活动

◇ 带着孩子在室内室外转一转,并指出需要特别关注的地方。

◇ 询问孩子是否在学校看到任何事故。如果孩子看到了,询问孩子事故发生的地点和发生的过程,并讨论为了预防再一次发生应该做些什么。

◇ 制作一个显示潜在危险区域的指示图,挂在教室墙上。让每个孩子写出或口述一个不同的安全隐患。

◇ 阅读一些关于孩子需要照顾自己并安全应对状况的故事。询问孩子故事

中人物的感受。这是一个悲剧还是一个喜剧？为什么？
◇ 对于保护了别人安全的孩子要给予奖励。
◇ 在房间各处放置安全标示，为了让孩子能注意到，要经常更换。例如：

"我们要把剪刀安全地放到盒子里。"

"在湿滑的地区我们要小心移动。"

"在放好东西后我们要关上壁橱的门。"

"进入教室时小心台阶/斜坡。"

◇ 鼓励孩子制定并讨论他们自己的安全条例。
◇ 寻找危险物品：成人应安全处理碎玻璃、塑料袋和其他危险物品，给孩子做榜样。
◇ 在日常生活中，当孩子意识到不安全的情况并且用安全的方式应对时要给予表扬并做记录。
◇ 制定家庭守则，鼓励孩子决定哪些规定对家庭安全是必要的。
◇ 如果情况允许，将孩子分成小组并带他们参观一个装修好的房子。和孩子一起，寻找每个房间的安全隐患，例如：

· 电：寻找不牢固的、磨损的、下垂的电线，损坏的插座、插头，易燃材料附近的加热器和火炉，电力设备附近的水源

· 热：平底锅、水壶的位置，明火的防护装置

· 地面隐患：滑的地板、台阶，不牢固的地毯、毛绒玩具和其他物品

· 有毒的危险物质，尤其是放置在厨房、衣橱和浴室中的

◇ 考虑儿童、老人、拄拐或使用轮椅的人可能遇到的危险，并做记录。
◇ 制作与家庭安全和学校安全有关的课堂用书。
◇ 就耳熟能详的故事，讨论其中存在的安全问题。例如：小红帽、三只小猪、金凤花或三只熊的行为是否安全？小红帽应该独自穿过森林并停下来和陌生的大灰狼说话吗？戈尔迪可能会因非法入侵、偷盗和故意损害行为而被捕。熊没有将门锁好，这是一种疏忽行为。当房子倒塌的时候，小猪可能会被砸伤。

◇ 进行社区调查，发现社区中存在的安全隐患并制定相应的安全措施，比如危险的道路岔口、小径和操场设施，公共服务场所没有足够的轮椅通道，树木阻碍了交通和交通标志等。尽可能地鼓励孩子用照片记录下来。必要的时候帮助他们联系当地的组织。将他们的发现制作成壁画，并附上说明文字。在危险性高的地方设置图示。
◇ 让孩子记下他们在去学校的路上遇到的危险。
◇ 指导孩子和陌生人在一起的时候如何保护自己的安全，尤其是在车里给予礼物或乘坐公共交通工具时和在其他地方看上去很友好的人。
◇ 鼓励比较有能力的年龄大一点的孩子讨论已经经历过的危险并进行提问：

"问题是什么？"

"很危险吗？为什么？"

"你做了什么？是什么让事情变得困难？"

"发生了什么？你的感受是什么？"

"你认为你应该做些什么？"

危险的经历可能包括：

· 燃放烟花、着火或爆炸

· 交通事故或侥幸脱险

· 从高处坠落

· 财物被盗或被抢

· 迷路

· 遇到暴徒

· 受到威胁

· 被恶作剧捉弄

· 独自在家的时候发生了一些不愉快的事情

· 轮椅翻倒

◇ 确保大多数孩子的正确态度得到认可并尽可能给予表扬。

◇ 有些孩子吹嘘他们遇到的危险并且夸大后果。有些孩子由于过分担忧而害怕参与。在课程结束的时候要多关注这些孩子并且讨论他们有这些行为的原因。
◇ 让孩子进行角色扮演。每个小组每次选择一个合适的有关"危险"的情景进行表演。小组成员将问题表演出来并邀请观众讨论如何保证安全。
◇ 将信息用于制作《我们的危险经历（和我们是如何获救的）》的课堂用书。
◇ 尽可能地让家长和孩子从多角度检查家庭的安全问题：
  · 淋浴间和浴室的安全问题
  · 当洗衣机、水床、水龙头或热水系统发生泄漏时应该做些什么
  · 无人照看房子
  · 在室内的时候保证房子的安全
◇ 教会所有的孩子如何锁门锁窗。
◇ 告诉孩子接电话的注意事项。例如：孩子不能告诉打电话的人他自己一个人在家。最好教孩子说家长正在泡澡，如果对方留下名字和号码就会回电话（泡澡的时间要比淋浴的时间长）。孩子需要了解为了保证安全说谎也是可以的。

帮助孩子识别不安全感

如果孩子能够意识到他们是不安全的并且知道如何对这种感受做出反应，这将对他们有很大的帮助。大多数孩子受到惊吓的时候，腹部、四肢、头和肩膀都会有感觉。详情请参照模块六。

鼓励孩子学习如何获得帮助

这部分课程的目的是让孩子意识到在有些情况下他们需要从陌生人那里获得帮助。为了保证安全，孩子需要能够鉴别出潜在的危险情况并知道向最安全

的人求救。不能强化孩子从家长、同龄人和媒体那里了解到有关"危险的陌生人"这种固定的思维模式，这一点很重要。

◇ 在能够掌控活动受到限制的孩子的人中，会有一个孩子最喜欢的。鼓励孩子去思考为什么喜欢这个人多一些。问些问题，比如：

- "如果你是第一次去游泳池，你希望由谁帮助你阻止你往下沉？为什么他/她是最佳人选？"
- "假如你将要去野餐，你希望谁和你一起去？为什么他/她是最佳人选？你不会和谁去？"

◇ 介绍信任的概念。在需要帮助的不同情况下，孩子愿意相信谁？

- 这些人给了他们怎样的感受？为什么他们是特别的？还有什么人也可以提供帮助？

（注意：对于处在发育量表末端的孩子来说回答"为什么"的问题是比较困难的）

- 讨论为什么孩子"信任"他们提到的这些人。

   是因为从经验的角度出发，孩子知道这些人会提供帮助吗？

   是因为这些人说过他们会给予帮助并且信守承诺吗？

   是因为这些人让孩子从内心里认为他们很好吗？

   是因为在他们身边觉得安全吗？

◇ 为每个孩子制作一个相关图表，内容包括当他们生病、受伤和失落时帮助过他们的人以及孩子愿意与之分享乐事的人的名字。

在紧急的情况下做些什么

帮助孩子理解什么是紧急情况。教会他们发出事态紧急的信号。他们可以尖叫、呼救，告诉帮助者或致电应急服务机构。教会孩子如何呼叫匪警、火警以及救护车。尽可能让孩子们进行实践，老师可以扮演接线员。

对孩子们经历过的各种各样的有潜在危险的情景进行讨论。

工作表

在紧急情况下你会打电话吗?

1. 拿起听筒。
2. 听拨号音。
3. 拨打你需要拨打的号码。
4. 当有人接听时，告诉他们你需要的服务。接听者需要知道：
    - ◇ 你的电话号码
    - ◇ 你是谁
    - ◇ 你在哪里
    - ◇ 你需要什么

障碍儿童的世界非常小。孩子易于将自己的经历视为正常。我们成年人的责任是，帮助孩子意识到不同的问题有多种不同的可行的安全解决方案，让孩子知道他们有能力从中做出选择。为达到这个目的，问题解决练习是非常有效的策略。大人可以提出各种各样的问题：

"为了保证安全你能做些什么？"

"那样做安全吗？你能想到什么安全的解决方案吗？"

"如果那样做没有用，你还能做些什么？"

"如果你不能找到警察，接下来你要做什么？"

"你将如何做？"

"假如那里空无一人呢？"

……

澳大利亚和新西兰 5～8 岁的孩子表示，在参加个人安全计划后，对于不同的紧急情况，他们能想到 5～7 种可行的行动方案并能把它们按顺序排列起来："首先，我将……如果那样不起作用，我会……"

适当的时候，老师应该制作学习卡，用于孩子们进行小组讨论时抽取描述相关场景的卡片。下面的卡片已经有效地应用到了特殊学校的课程中。

"在家以及家附近保证安全"的学习卡片

假如，当你一个人在家的时候，

◇ 雷雨交加，电视机突然发出巨响，画面就消失了，并且有黑烟从后面冒出来。

◇ 煎锅里的油着火了。

◇ 洗衣机里的水漏得地板上到处都是。

◇ 当你独自在家的时候有人打电话过来。打电话的人说你的妈妈赢了一个电视大奖，他需要你家的地址以便于邮递奖品。

◇ 邻居顺道拜访并邀请你去他家看录像。

◇ 你的朋友来拜访你，当他离开的时候他摔倒了，不能动了，他说："我想我可能摔坏了腿。"

◇ 暴风雨来了，房顶漏雨了。

◇ 你的某个兄弟姐妹吃了坚果噎住了。

◇ 在黑暗中，你听到窗外有令人惊慌的响动。

鼓励孩子对每种情况进行讨论。保证孩子能够将紧急事件与合适的帮助者联系在一起。有些孩子在所有情况下都建议呼叫警察。检验一下他们是否知道如何拨打合适的求救电话。

在学校以及学校附近保证安全

假如……

◇ 你发现你上错了公共汽车。

◇ 在学校的远足中，你和同学们走散了，你的身上还没有钱。

◇ 在校车上一个不认识的人坐到了你的旁边，他开始嘲笑你，让你心烦。

◇ 有人威胁你让你喝酒、抽烟、吸大麻、嗅粉或从商店里偷东西。你应该做些什么？为什么？那样安全吗？你还能做些什么？

◇ 从学校回来，发现家门是锁着的，但是你找不到钥匙。

在外面保证安全

假如你独自在外，

◇ 你迷路了。

◇ 你看到一帮成年男子向你走来，你感到很害怕。

◇ 一个成年男子给了你一些药片，并且说："试试吧。感觉很棒！吃了这些你就能做任何你想做的事情。"

◇ 你想过一条川流不息的马路。

和陌生人在一起时保证安全

你能做些什么来保证安全，当

◇ 一个你不认识的女人说，如果你跟她回家她就给你一只小猫。

◇ 一个男的说他是警察，他希望你帮他在公园里找一只走丢的狗。

◇ 你在逛唱片店时，有陌生人要给你买一张最新的唱片。

◇ 一个大人说："我是一名摄影师，我正在找模特。你愿意让我给你拍照片吗？跟我来……你会挣很多钱。"

◇ 在你放学的时候，一位女士向你走来，她说你的妈妈生病了，已经被送去了医院。她说她会带你到医院看你的妈妈。

◇ 一个朋友在圣诞节的时候带你进城购物，你在人群中走失了。

◇ 你在公共汽车上时，一个醉汉坐在了你旁边。他不断地向你靠近，对你进行骚扰。

◇ 正在下着瓢泼大雨，一个女人把车停下来，有两个孩子坐在她的后座上。她说："快上来……你被淋湿了。我就住在你家的拐角处。"

◇ 一名男子站在一辆厢式货车旁边，他说在车厢里有一些好玩的电子游戏机，他邀请你到里面看看。

模块四
"这是我的身体"[①]

目标

◇ 帮助孩子形成身体形象和身体意识。

◇ 让孩子了解身体是我们自己的，我们一定要对自己的身体负责任。

◇ 通过强调每一个孩子都是不同的、有不同的才能、是有价值的，来帮助孩子建立一个积极的自我形象。

老师、父母及照顾者的注意事项

理想的情况下，培养身体意识的课程应该与专业教师教授的合适的性教育课程相结合。某些国家可以通过计划生育组织实现这种结合。家长一定要清楚孩子有必要知道自己身体的功能。我们不建议在孩子还没有明白成年人的性和生殖概念前教给他们这些知识。有些孩子根本不知道他们的身体是什么。他们知道他们有胳膊和腿以及其他身体部位，但是对把身体作为一个整体并没有概念。有严重障碍的孩子不太可能意识到他们对自己身体所负的责任。当被问及"你的身体属于谁？"时，他们经常回答"妈妈和爸爸"或者他们医生的名字。他们已经习惯于让其他人来掌控他们的身体以至于他们没有控制的意愿和所有权意识。大多数受害者认为他们的软弱是由于他们的信息匮乏。在这种情况下，受害儿童责怪父母的程度不低于对施害者的责怪。没有保护教育及定期的强化，大多数孩子认为他们不能拒绝来自年长者和更强壮的人的性接触，即使在他们意识到这是不对的时候。这让他们成为性侵害的主要受害者（Hard, 1986; Briggs, 1991a）。

[①] 编注：关于"这是我的身体"这一概念，目前国内对此存在争议，老师、家长及照顾者应结合身体的日常行为功能，培养儿童的身体意识，使其了解对自己身体所享有的权利和应负的责任，切勿等同于儿童身体自主权的完全赋权。

家长和照顾者应注意的是，当孩子的移动依靠辅助器具的时候，辅助器具就是他们身体形象的一部分，是一定要得到尊重的。当我们违背使用者的意愿不当接触他们的轮椅、拐杖或支架的时候，我们虽然没有进行身体上的侵犯，但这却等同于精神上的侵犯。

一定要记住，孩子们会从关于他们身体和权利的正确的、真实的信息中受益。男孩需要在进入青春期之前知道勃起和自慰的相关知识。

相关活动

◇ 按指纹和手印来显示个体差异。
◇ 通过一面大镜子从正面观察自己的身体（包括后面观察和侧面观察）。
◇ 使用相片、绘画和孩子们的作业。
◇ 为每一位组员制作并展示个人发展的横幅。
◇ 画出孩子们的轮廓和身体外形，包括轮椅、拐杖和支架。
◇ 识别并正确使用所有身体部位的生物学名称。
◇ 使用本书中的工作表，大人可以帮助也可以不帮助。
◇ 制作人形小饼。
◇ 剪贴图片来创作穿衣服的和不穿衣服的男性和女性形象。
◇ 制作一个名为"没有人和我有一样的足印（或手印）"的小组海报。
◇ 标出他们喜欢被触摸的身体部位。
◇ 标出其他人可以接触的身体部位（如果希望被接触）。

小组中的孩子

◇ 专注于身体部位的活动，比如跳舞，跳"声东击西舞""手膝触碰舞"，表演"头肩膝脚趾操"和"手指拇指运动操"。

◇ 制作图表（柱状图或线条图）来展示人与人的不同之处（如身高、体重、头发和眼睛的颜色，以及兴趣爱好）。

◇ 开始写《关于我们的一本书》，内容包括组内孩子的活动和日常的进步。如果孩子写不了，鼓励他们向家长叙述，家长执笔并复述给孩子以确保准确性。用照片进行说明。

身体都是不同的

我们都有身体。

我有一个身体。

（按顺序叫孩子），你有一个身体。

你的身体从头顶开始，

向下到指尖，

再到脚趾尖。

我们所有人的身体都是不同的。

尽可能地鼓励孩子多触碰自己的身体，首先让他们用手轻轻触碰脚面，之后沿着身体向上移动到头，然后再从头移动到脚趾。接下来可以让孩子之间互相感受身体轮廓。

我们都是不同的

有些人看起来像妈妈。

有些人看起来像爸爸。

有些人看起来甚至像他们的兄弟姐妹。但是没有两个一模一样的人。我们所有人的身体都是不同的。

有些人高。

有些人矮。

有些人是直发。

有些人是卷发。

所有人的身体都是不同的!

我们都是不同的

有些孩子用腿跑。

有些孩子坐在轮椅上前行。

（甚至我们的轮椅都是不同的。）

有些孩子用支架辅助行走。

有些孩子用拐杖辅助行走。

每个人都是不同的。

模块四 "这是我的身体" 141

有些人走路时靠导盲犬。

有些人用拐杖。

工作表

我们的指纹和手印都是不同的

我的指纹是这样的：

我们的身体都是不同的，

从头顶到脚趾尖，

我们的身体是特别的，

我们要照顾好它们。

我的身体

作者：Peter Alsop

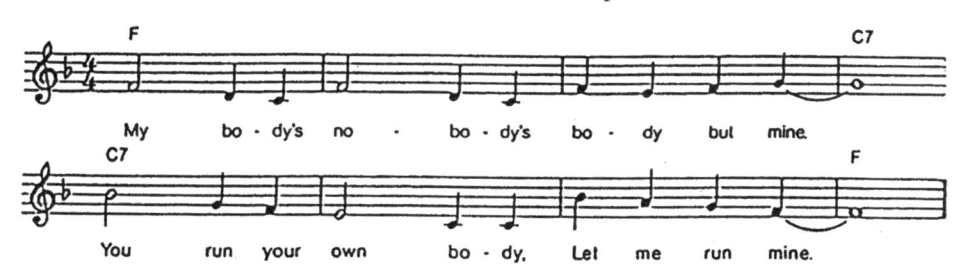

[乐谱：My body's nobody's body but mine. You run your own body, Let me run mine.]

（请注意歌词1和4可能不适合身体有障碍的孩子）

1. 我的腿是用来跳舞的，

   是用来走路、奔跑和跳来跳去的。

2. 我的嘴是用来吹气球的。

   我可以吃和亲吻，我可以吹口哨。

合唱

   我的身体不是别人的，只是我自己的。

   你管理你的身体，

   我管理我的。

3. 我的肺是呼吸时用来储存空气的，

   需要多少由我做主。

4. 我的身体喜欢我蹬车。

   我们的身体只做我们喜欢的事情。

重复合唱

5. 不要打我，不要对我推推搡搡。

对我表达爱意的时候不要抱我太紧。

6. 当我被触摸的时候我知道自己的感受。

我的感觉是自己的，是真实的。

重复合唱

7. 有时候说"不"和变得坚强是很难的。

当我感觉到应该说"不"的时候，我知道有些事情是不对劲儿的。

8. 我的身体从头到脚都是我的。

当我说"不"的时候，请离我远一点。

重复合唱

9. 我的身体是我的，我可以选择怎么用。

它不能被威胁、逼迫或虐待。

10. 这是我的身体，是独一无二的。

我一定要照顾好我的身体。

合唱

（经加拿大国家电影局绿姆指剧院代表人许可转载，内容取自名为《感觉很好，感觉不好》的个人安全视频和罗尔夫·哈里斯的视频《孩子也可以说不》）

我们都是不同的，我们都是特别的

方式

◇ 阅读或歌唱，和孩子们讨论。

◇ 使用提供的工作表。

◇ 介绍相关的活动。

◇ 对于年幼一点的孩子，可以通过拍手或打击乐器来强调节奏。

我们是特别的人。我们都是好朋友。

我们是特别的人。我们都是好朋友。

(点名某一个孩子)，_____是特别的，

（点名另一个孩子），_____也是特别的。

世界上的所有人，没有一个人可以像你一样。

（一直重复，直到每一个孩子都被点到。）

我们是特别的人。我们都是好朋友。（重复）

我很特别，你也很特别。

这个世界上没有人长得像你或像我。

_____你是非常特别的人。

（提到很多孩子或组里所有孩子的名字），

你是非常特别的人，你……你……还有你。

我们都是特别的人。

活动

◇ 唱歌曲《我的身体》。

◇ 在安全的位置放一面大镜子。

让一小组的孩子站在镜子前，保证每一个孩子都可以看到镜子里的自己，说：

看，这是我的身体。

它只属于我。

我是我身体的主人。

我告诉我的身体要做什么。

依次让孩子对镜子里的自己说：

看，这是_____的身体。

是非常特别的身体。

它能做很棒的事情。

你是你身体的主人，_____

没有人的身体可以像_____的一样。

我们的身体都是不同的。

我们的身体都是特别的。

工作表

我们都能用身体做不同的事情。

我们都能用身体做不同的事情。

没有人帮助的时候我可以做这些事情：_____
_____
_____
_____
_____
_____
_____

有别人帮助的时候我可以做这些事情：_____
_____
_____
_____
_____
_____
_____

我最想去学习做这些事情：_____
_____
_____
_____
_____
_____
_____

你是你身体的主人

◇ 对于可以移动的孩子,找一个安全的地方。

◇ 唱《身体之歌》。

◇ 告诉孩子,他们和他们的身体是特别的。

你肯定是特别的,

既然你如此特别,为什么不给你自己一个大大的拥抱呢!

没有人像你一样……向四周看一看。

没有人的头发像你一样。

没有人的脸像你一样。

你是一个非常非常特别的人。

你的身体也是特别的。

你的身体可以做很棒的事情。

但是它自己不可以,

它需要你告诉它去做什么。

它不会自己坐下,

也不会自己站起。

你是主人,

你要告诉你的身体去做什么。

让我们来想一想你可以让身体做的所有不同的事情。

◇ 如果孩子不能提供自己的意见,下面这首歌也许有用。

我可以摇晃我的身体。

我可以转来转去。

我可以扭动我的身体。

我可以站在地上。

我可以弯曲我的身体。

我可以在地板上滚动。

我可以举手。

我可以做更多。

我可以转动我的身体。

我也可以弯腰。

我可以上楼梯。

你能做什么?

我们的身体可以做很棒的事情。

让我们来看看你的身体可以做什么。

工作表

我的身体可以做的事情清单

请在你可以做的事情后面打钩。

	自己独立	在帮助下
起床		
穿衣		
上厕所		
刷牙		
泡澡／淋浴		
洗漱		
进食		
上校车		
上车		
记住自己的名字		
记住自己的地址		
打电话		
买冰激凌		
告诉某人我要上厕所		
选衣服		
乘公交车进城		
去购物		
写作		
画画		
下厨		
更换电视频道		
读书		
上床睡觉		
告诉人们如何帮助我		

这些是我想学做的事情：

_____

_____

_____

"我是我身体的主人"

我有一个身体。

你有一个身体。

我们都有身体。

我的身体是我的。

不是其他任何人的。

我的身体只属于我。

我是我身体的主人。

有时我愿意与其他人分享关于我的身体的信息。

有时我想给某人一个拥抱。

有时我想被某个人拥抱。

模块四 "这是我的身体" 151

但我并不总是想被拥抱。
我不愿意总是被亲吻，
如果我不想与某人分享关于我的身体的信息，
我可以说"不"。
它是我的身体，我才是主人。
让我们一起说"不"。

大声一点！我是认真的！

再来一次！

模块五
我们身体的隐私部位

目的

◇ 让孩子知道身体的某些部位是隐私的，即生殖器官、胸、屁股、肛门和嘴。

◇ 帮助孩子分辨可接受的和不可接受的触摸。

请注意一定要把嘴当作隐私的身体部位，因为儿童性侵害者往往利用小孩和障碍人士的这个隐私部位达到自己的目的（包括男性和女性）。

老师、父母及照顾者的注意事项

让家长和照顾者明白这个模块所讲的东西以及原因是非常重要的。对于大多数个人卫生需要别人辅助的孩子来说，身体隐私的概念是复杂和陌生的。照顾者和家长要讨论如何帮助这些孩子提高自我护理的能力和独立性。在可能的情况下，应该允许孩子自己选择由谁来帮忙解决这些私人问题。如果我们在教育孩子他们有权拒绝不正当的性行为和无理的触摸的同时，又强迫孩子接受他们不喜欢的人触摸隐私部位，那么孩子从我们身上学到的将是伪善。

当孩子表示有人正在以一种不可接受的方式触摸他们时，工作人员必须要有应对措施。

在护理人员缺乏或工作人员流动性较大的机构里，处理投诉是非常困难的。孩子们的权利和安全一定要放在首位。如果孩子表示受到了性侵害，那么在正式调查开始之前要禁止被指控的人和孩子接触。

制作"如果"卡片，让孩子讨论如果他们遇到常见形式的不正当性行为该如何应对，例如，如果一名男子拉开裤子拉链并且暴露自己的阴茎。

在必要的时候给予指导，比如：

不要和那个人说话。

马上逃开。

如果他想要接触你，你就大叫。

告诉你信任的人或者在可行的情况下直接去警察局。

老师要记住，不合适的触摸可能涉及身体的各个部位。

当孩子知道如何解决问题后，就要在老师最少量的帮助下进行练习。

当和不会说话的孩子一起练习时，可以制作线索卡作为回应时的提示。可以用布利斯符号或英语，或者两者同时应用，当孩子们运用布利斯符号时，老师要用关键词做一本特别的书。

请注意，在这个阶段，适当的性教育对于确保孩子们知道隐私部位应该被保护是非常关键的。让专业人士教授性教育的知识也能保证孩子们不会对自己性方面的事持消极态度。

介绍隐私的概念

◇ 复习前面章节的内容。

◇ 通过表演歌曲或其他有关身体的热身活动来开始本章的学习。

◇ 教学进度和次数要因人而异。

◇ 尽管我们的目的是教孩子身体部位正确的生物学术语，但有时也要使用孩子的表达方式以保证他们能够正确地理解。

◇ 利用人体图解（男性和女性）或质量比较好的解剖娃娃模型。

◇ 解释"隐私"一词。孩子对隐私、私人地方和私人财产了解多少？

◇ 调查孩子对"特别的"这个词的理解。孩子是否知道，如果某些东西是特别的，就意味着我们要照顾好它。

◇ 用两个分别标记着"公开的"和"隐私的"盒子以及用表示身体部位的布利斯符号、词汇或图片制成的卡片教孩子哪些身体部位不是隐私的、哪些是隐私的。孩子们轮流将卡片放进正确的盒子里。
◇ 告诉孩子自己触摸隐私部位是可以的，但只能在卧室和浴室这样私密的地方。

身体的隐私部位

我有一个身体，你有一个身体。

我们都有身体。我们的身体由很多不同的部位组成。

你知道我们身体的哪些部位是隐私的吗？

你还记得隐私的意思吗？

隐私意味着"离我的_____远一点，不要碰_____，它是特别的"。

隐私意味着"这是我的，我才是主人"。

我们身体的隐私部位很特别，所以大部分时间我们都将它们遮掩着。

我们不向邻居展示。

我们不向超市里的人展示。

我们不会让公交车上的人触碰它们。

我们甚至不会与朋友和亲戚分享。

我们的隐私部位只是我们的。

我是我隐私部位的主人。

你是你隐私部位的主人。

它们是你的，不是其他任何人的。

为身体部位命名

我有一个身体。

你有一个身体。

我们都有身体。

我们的身体有很多不同的部位。

我们有两只眼睛、两只耳朵和一个鼻子。

我们有两条腿、两只脚和十个脚趾。

我们身体的所有部位都很重要。

它们都有重要的工作要做。

让我们来看看你们是否能记住身体部位的名称，我们要把它们写下来。

在 P157 的青少年男孩身体图示和成年男性身体图示上将主要特征标记出来。在 P158 的青少年女孩身体图示和成年女性身体图示上将主要特征标记出来。

嘴也是隐私部位

你的嘴是隐私部位。它有重要的作用。为什么你的嘴会如此重要呢？

没有人可以粗鲁地对待你的嘴。

如果你不想被亲吻，没有人可以亲你。

同样重要的是，如果别人不想被亲吻，你也不可以亲别人。

别人不可以往你的嘴里放东西（除了你需要吃药而自己不能做到的时候）。

如果某人企图往你的嘴里放一些恶心的东西而你不愿意的时候，说"不"并且离开。

你是自己嘴的主人

记住你的嘴只属于你，不属于其他任何人。

有时你想被亲吻。

但没有人希望总是被亲吻。

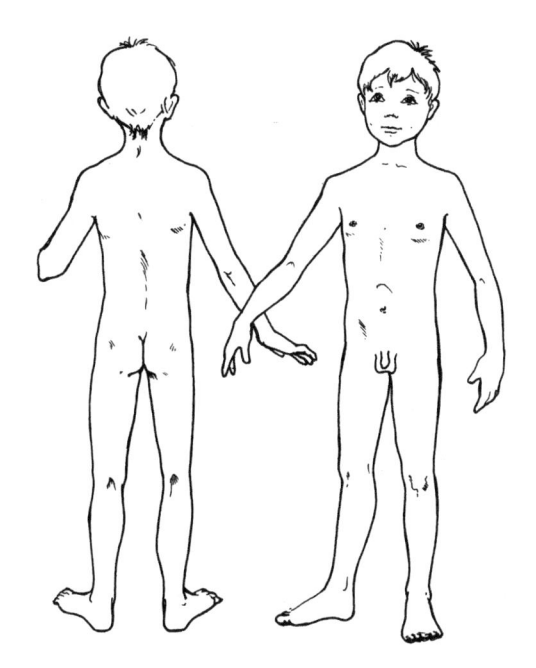

模块五　我们身体的隐私部位　157

青少年男孩身体图示

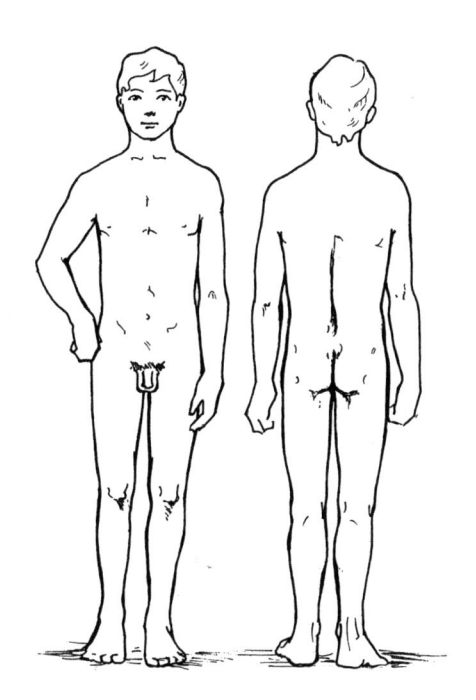

成年男性身体图示

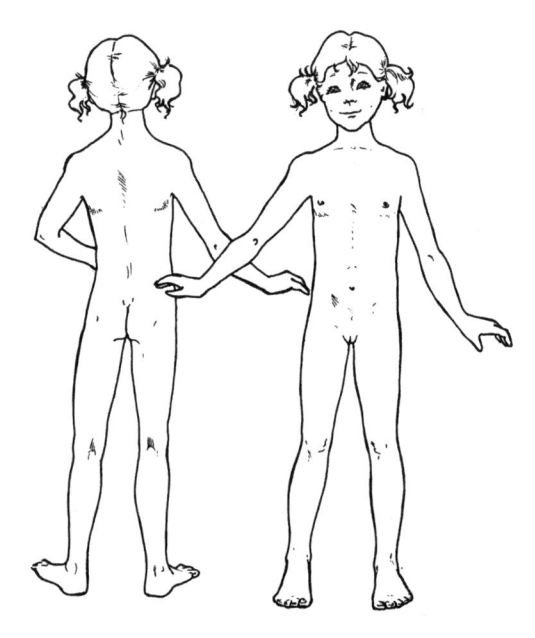

青少年女孩身体图示

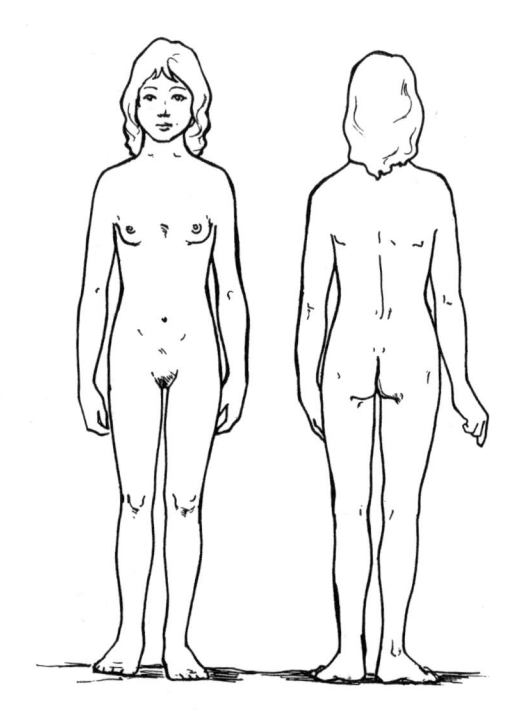

成年女性身体图示

也许你不喜欢这个人。

也许你不喜欢这个人亲吻你的方式。

有些人的亲吻真的非常令人恶心。

有些人用粗糙的下巴摩擦你的脸并且弄伤了你。

只要记住,它是你的。

如果你不想被亲吻,没有人可以亲你。

别人不可以在你的嘴里放东西。

即使你的进食需要帮助,你也是主人。

你可以说"不",因为……

你的嘴是隐私部位。

故事:你的嘴是隐私的

(老师要根据孩子的发展水平调整问题的难度。建议中呈现的是孩子被期望达到的最高水准。)

林在操场的角落,四处张望。她班里的所有女孩都非常忙碌。有些在跳绳,有些在玩追逐游戏。

林跑得不快,但是她希望她可以跑得很快。

当本向她走来时,她有一些局促不安。本是其他班级大一点的男孩,他向四周看了看并且喊道:"达恩、尼克快过来,林在这里。"

三个男孩聚在一起,一边耳语,一边笑。林觉得他们在嘲笑她。然后,他们走了过来。

"林,你想和我们一起玩吗?"本问道。

你觉得林会有何感受?

是好的还是坏的?

林不知道为什么这些大男孩会选择她。他们可以跑得很快并且玩一些她不能玩的游戏，但是她很高兴他们愿意和她玩，所以她说："是的，你们想玩什么呢？"

"这是一个新游戏。"本说，"你从来都没有玩过。"

达恩和尼克都在偷笑，本让他们停下来。

达恩和尼克转过身去并且努力止住笑声。

林感到有一些不舒服和焦虑。她不知道为什么自己会有这样的感觉。她很高兴这些大男孩愿意和她玩，因此她并没有在意自己的感受。

"首先你要闭上眼睛，"本说，"然后张大你的嘴。一直张着直到我告诉你闭上。之后你就会得到一个特殊的惊喜。你能做到吗？"

"我能。"林说道。

她闭上了眼睛。她张开嘴。但事实上她觉得非常不舒服。她心跳快了起来并且屏住了呼吸。你知道她为什么这样焦虑吗？本走近林。她听到其他两个男孩在低语并伴着笑声。她感觉很糟糕，因此她睁开一只眼睛偷偷地瞄了一下。她的嘴依然张得很大。从眼角的余光她看到，本要将一条又大又肥又光滑正在蠕动的青虫放进她的嘴里。

你认为她的感觉如何？

是好的还是糟糕的？为什么？

她为何感觉很糟糕？

如果某人往你的嘴里放了一些恶心的东西，你也会感到很难受。你为何有这种不舒服的感觉呢？

林应该做些什么呢？

她应该告诉谁？

她应该说些什么？

你认为为什么那些男孩要和林开如此恶心的玩笑呢？

一定要记住，你的嘴是隐私的。那意味着，"离我远一点"。你可以往嘴里放好吃的食物，你可以往嘴里放牙膏和牙刷，你可以往嘴里放医生开的药，你的牙医也可以检查你的嘴,但是其他人必须远离。隐私意味着"离我远一点",不要让任何人往你的嘴里放进任何东西。照顾好你的嘴,它是你身体很重要的一部分。

我们还有其他隐私的部位

你知道你的嘴部是隐私的部位。

那么你知道你的乳房同样是隐私的部位吗?有的人叫它们咪咪或是奶头,但是现在我们要用成人的语言形容。

每个人都有乳房。

在女孩发育成熟的过程中,她们的乳房会慢慢改变形状,以便以后给她们的孩子哺乳。而男孩在成长过程中,他们的乳房不会发生变化。

让我们辨认一下图片中男孩和女孩的乳房。

乳房是我们身体的隐私部位之一。

没有人有权利玩你的乳房。

在你不愿意的情况下,没有人有权利碰你的乳房。

乳房是隐私的部位,你的乳房是你自己的,它只听你的安排。

如果你生病或是感觉不适的时候,医生可能需要用听诊器触碰你的胸部。但是如果你是女孩,一定要记得检查时有护士或你的父母或学校教师在场陪着你。这些都是要遵守的原则。

另一个隐私部位

我们另一个特殊的隐私部位藏在我们两腿之间。我们用内裤把它遮了起来。你知道那里叫什么吗?

男孩两腿之间的叫阴茎和睾丸。如果你是男孩,记得那里是非常非常特殊并且隐私的部位。

女孩两腿之间的叫外阴。外阴有点像纸巾盒包装最上面的部分。它保护着它里面的那些部分。在外阴的里面有一个通道叫作阴道。如果你是女孩，记得外阴和阴道都是非常非常特殊并且隐私的部位。

一定记得，隐私、私密就意味着你身体的那些部位只属于你。只有你是你身体隐私部位的主人，你要保护好它。

给老师、父母及照顾者的提示

有可能一些有严重障碍的女孩从未见过自己的生殖器官。在性教育中，通常教师要帮助她们看到身体隐私部位的构造，可以给她们镜子或是使用图解。性教育中还应该告知儿童生殖器官之所以重要的原因、它们的作用和我们为什么必须保护好它们。教师传达一种"性正面"的信息很重要，要认可性是人类健康和积极的事情。总的来说，通常要告诉孩子我们的性器官是特别的、私密的，因为我们想在长大之后和我们相爱的伴侣一同分享。这一困难而重要的任务通常需要教师和专业人员配合完成。

其他隐私部位

我们还有其他的隐私部位，这些部位被我们的内裤遮挡起来了。

我们都有臀部。

我们都有肛门。

有的孩子叫它屁股，但是我们现在要用成人的语言表述。

你的臀部和肛门是隐私和特殊的部位。

你的肛门很重要。

当你上厕所的时候，身体排泄物（消化之后的食物／体内垃圾／粪便）通过它排出。

你必须好好照顾它并且保持它的卫生洁净。

我们不能随意玩它。

我们不能让其他任何人玩它。

我们永远不在它里面放东西。

我们泡完澡或是淋浴后要把它擦干。

如果我们不好好照顾我们的肛门，那里很可能会疼。

那种感觉令人十分不舒服。

如果有人想玩弄你的隐私部位，你要勇敢地说"不"，让他们走开并把这件事告诉其他人。

记住，你的身体是你自己的。

你的身体由你做主。

你身体的所有部位都是特别的，你有义务好好照顾它们。

但你身体的一些特殊部位是十分特殊且私密的。

隐私意味着没有你的允许任何人都不可以碰它。隐私、私密意味着它们是你的。

隐私意味着你来做主。

下面是保护你隐私部位的准则

如果医生或护士需要触碰你身体的隐私部位，那么一定得有其他护士或者你的妈妈或学校老师陪着你。

如果你上厕所的时候需要帮助，那么帮助你的人一定要遵守这些准则。

如果帮助你的人不得不碰你的隐私部位，要遵守下面的准则：

任何人都不能玩弄你的隐私部位。

任何人都不能在你的隐私部位挠痒痒。

任何人不能为了好玩看你的隐私部位。

我们不能给别人看我们的隐私部位。

你的隐私部位是你自己的。

它只属于你，不是其他任何人的。

你的隐私部位由你做主。

保护隐私就要敢于说"离我远一点"。

如果有人违反了这些准则，为了好玩碰了你的隐私部位，你可以做出回应，因为你的隐私部位只由你做主。那么你觉得你能做些什么？

你可以说"不"

你可以向比你大的人说"不"，如果他们是为了好玩触碰你的身体。

你可以向成人说"不"，如果他们是为了好玩触碰你的身体。

你可以向其他孩子说"不"，如果他们在你不允许的情况下，违反准则侵

犯你的身体、拿走你的拐杖、诋毁你的名誉或是推走你的轮椅,要勇敢说"不",离开那里,然后把这件事告诉其他人。那么你都可以告诉哪些人呢?

说"不"并告诉其他人

如果有人想掀你的裙子,记得说:"不!住手!不能这样做!"

如果有人把手伸进你的裤子里，记得要说："不！住手！不准做这样的事情！"

永远记得这是你的身体，你做主，你要说"不"并告诉他人，那么你可以告诉谁呢？

大声说出"不"

如果有人碰你的隐私部位,或有人让你去碰他/她的隐私部位:

◇ 可以大声尖叫

◇ 可以大声高喊

◇ 可以大声大叫

◇ 一定要说出来

现在大声喊出这句话,看你能喊多大的声音:"不!停下来!不能这样做!"

现在坐直(站直),

直视我的眼睛,

像真的发生了这样的事情一样,

用更大的声音喊出来。

现在面向你身边的人，

坐直（站直），

向后退一点，

然后直视他们的眼睛。

问题解决：拒绝轻率的亲吻

塔拉有一个很好的小姨，小姨会推着轮椅带她出去玩。她的小姨有一个很大的车，塔拉的轮椅正好可以放在车后面。塔拉的小姨对她很好，会给塔拉买冰激凌和玩具，还会带她做一些轮椅运动。

问题是：塔拉的小姨特别喜欢亲别人。她会亲塔拉的爸爸、塔拉的妈妈，甚至碰巧在身边的人。

塔拉讨厌被小姨亲。小姨会在她的嘴上轻率地亲吻。那些吻湿湿的，小姨总是轻率地、不停地吻过来。塔拉很不喜欢这样，以至于之后小姨打电话叫她出去玩，她都会假装生病或是太累了不出去。很遗憾的是，塔拉挺喜欢那些轮椅运动，当然还有冰激凌和玩具。

"你怎么了？"有一次塔拉说她不想出去和小姨玩的时候，她妈妈问道，"你知道小姨很喜欢和你出去玩，你这样她会很失落。"

"但是我不喜欢她亲我的方式。"塔拉终于说出了原因。

"傻孩子，"妈妈说，"小姨爱你，所以她才会亲你。如果她知道你不喜欢被她亲，她一定很难过。我们有时候要学会接受我们不喜欢的事情。"

塔拉的妈妈是对的吗？

如果塔拉不喜欢那样的亲吻，她一定要学着接受吗？为什么？

塔拉不想让小姨难过，那么怎样能既不伤害小姨的感受又可以避免那样的亲吻呢？塔拉该怎么做？

她该怎么说？

给教师的提示

如果学生不能自己想出解决办法，可以问一些封闭式的问题，比如"她可以这样对她的小姨说吗？"并且启发学生："那她还可以怎么做呢？"

制作"如果……"的卡片，利用玩偶进行小组讨论

玩偶说："你好，我的名字是＿＿＿＿＿＿。"

◇ "我今天早上上学的路上，有一个人拉下裤子给我看他的阴茎。"

◇ "我和小伙伴玩的时候，有一些大一点的男孩给我钱让我把衣服都脱掉。"

小组讨论：

"这件事发生时，＿＿＿＿＿＿（玩偶）感觉如何？"

"＿＿＿＿＿＿（玩偶）应该怎样做确保安全？"

"如果有人想抓住他／她（玩偶）怎么办？"

"这件事发生之后，＿＿＿＿＿＿（玩偶）该做些什么？"

模块六
了解我们的感受

目标

帮助儿童：

◇ 对不同感受了解得更加清晰。

◇ 找到适合的方式来表达他们的感受。

◇ 识别并能够准确地回应一些感受：担心、讨厌、困惑、害怕和不舒服。

◇ 意识到当我们感觉担心、困惑或是害怕的时候，我们可以做些什么来应对。

老师、父母及照顾者的注意事项

儿童会感受成人的需求和情感，并且会忽略他们自身的感受来取悦成人，这就使得他们的情感变得十分脆弱。

儿童从很早就被教育做一个好孩子，要听大人的话。同时，他们也知道了他们自己的感受是无关紧要的。没有接受过自我保护教育的孩子都认为儿童必须做大人让他们做的事情，即使大人的行为是粗鲁的、不好的、不正确的（Briggs, 1991a, 1991b）。

如果老师、家长或是照顾者没有意识到孩子感受的重要性，他们通常会阻止孩子表达自身的感受。人们通常错误地认为有严重障碍的儿童的感受和普通人的不一样。

孩子熟悉的或是信任的成人实施的性侵害一般都会让他很困惑，因为这样的行为最先是一种亲热的引诱行为，这种行为会产生很好的感觉。那些从未和家人通过正常肢体接触表达爱意的儿童，在面对性爱抚时往往会被其柔和的方式迷惑，出现情感上的紊乱。与此同时，成年人的性行为会让儿童很震惊，并且对秘密的保守承诺会让儿童不知所措。

为了个人安全，如果儿童可以识别忧虑与疑惑这样的情感，并且对于这些感受做出相应反应，那么对于保证他们安全是很有帮助的。这不是通过几个章节学习就可以掌握的，儿童需要在每日的生活中练习情绪和情感的表达。他们需要知道情感是会变化的，当积极的情感被担忧的负面情感替代时，他们应该对这样的情感做出回应。他们需要确保，他们对一种行为的接纳不会自始至终不变，尤其是当这种行为发生改变时。我们可以改变自己的想法并且说"不"。

"感受"这个词对于无语言的儿童来说是很困难的。有时可能需要用镜像概念来教学，使用提示卡片就是很好的方式，比如"我想"和"我觉得"。

消极的儿童几乎不能意识到他们可以做些什么使事情变得更好。当年纪小的儿童谈论他们"害怕的感受"时，他们通常是指对黑暗的恐惧或独自被留在房间里。他们害怕卧室墙上古怪的影子以及夜里奇怪的声响（他们一般认为是怪物、鬼、抢劫犯或是暴力的陌生人）。

如果没有父母或是学校鼓励儿童交流他们自己的情感和感受，他们通常会把自己的恐惧隐藏起来，不告诉别人。儿童并不知道，如果负责任的成人知道儿童怕黑，他们会给儿童准备手电筒或是低瓦数的、不会产生阴影的夜灯。除非儿童参加自我保护计划，否则他们不知道他们的父母可以取代行为不当的照顾者。

如果儿童的亲属提出更改学校日程，一般需要家长、教师和主管负责人一起讨论这些问题。

大多数儿童盲目地信任成人，是因为他们只学会了害怕普遍存在的像怪物一样的陌生男性。

对于恐惧，年纪小的孩子可能只是针对想象中的一些事情，所以通常需要问一些具体的问题，比如"人们做哪些事情让你觉得害怕"。

一些孩子会说他们害怕穿得像怪物或鬼、戴面具来伪装身份的人。大多数年幼的儿童会害怕万圣节和暴力的电视节目。

许多孩子说他们害怕成人和少年团体的暴力。一些孩子会告诉你他们会被牵扯进父母的争吵中，另一些可能已经可以提出简单的策略来避免家庭暴力。

要让儿童知道人们在感到担忧时身体所出现的警告信号和身体变化。这些变化会警示我们，我们不再安全了。

一些教师会采用专门的方法来加强孩子的意识。这种方法就是给一个很大的气球充气，不用绳子系住这个气球，然后拿着气球在房间里走。一些孩子会害怕气球爆炸或飞到他们身边，所以马上退缩。当孩子有这种反应时，教师立刻让他们描述他们有什么样的感受。他们觉得身体有哪些变化？这些感受是好的还是坏的？孩子会想要做些什么事情来让自己觉得安全？

不用说，这项活动不能应用于十分紧张或是有心脏病的儿童。当然，进行这些活动也要有伦理方面的考虑。当我们的教育重点是，告诉孩子不要产生也不要接受"不好的"感受时，上述做法是正当的吗，即使这只是暂时的且为了教育的意图？

可以利用自然情境教学，例如，门忽然发出"砰"的声音，利用这个机会鼓励孩子描述他们的感觉。

为了强化这些身体上的变化，画出一个孩子的轮廓，然后让小组成员用如下标签标出他们产生"害怕"或焦虑感觉时身体部位的感觉：

"蒙迪说当她害怕的时候，她喉咙里会有一种有趣的感觉。"

"贾森肩膀上会有一种刺痛的感觉。"

制作并利用"感觉盒子"

依据儿童发展水平，建议老师通过不同纤维织物和纹理来展示部分触感，这比展示其他那些"令人恶心的"感觉要好。

可以用旧的硬纸盒制作"感觉盒子"。对于有视力的儿童，在顶部做一个只能容许一只手伸入的洞。保证盒子内部没有缝隙。为了防止儿童看见内容物，在洞口系一个旧的露趾袜，然后参与者必须让手通过袜子来抓物品。

应该提供不同的材料以对比质地的不同。这些材料可能包含麻绳、粗糙的砂纸、家用钢丝、平底锅刷、缎面衣服、丝绸、天鹅绒和冰块。

让孩子描述他们摸到的第一样物品。这个物品给你一种好的还是坏的感觉？为什么感觉好或是不好？（"为什么"的问题通常比较难回答。）它摸起来感觉是什么样的？这是一种好的触感、一种让人忧虑的感觉还是想要停止触摸、令人恶心的感觉？

一些教师会利用"令人恶心的"材料，比如工业用泥、面团、橡皮泥、垃圾、（整条）生鱼、蜘蛛模型或是其他无毒制品。这些都是非常有效的、能产生"令人恶心的"感觉的反应物。然而这其中也有一些伦理问题需要考虑：我们应教育孩子既不给予也不接受令人讨厌的或是有不好触感的物品，我们自己要以身作则，这一点很重要。

让孩子描述当他们把手放在盒子里时是什么感觉。当他们碰到一个物品时让他们描述是什么感觉。当他们移动物品和看见物品的时候他们的感觉有变化吗？是好的还是厌恶的感觉？如果是一种令人恶心的感觉，哪些身体部位的反应能够表现他们有厌恶的感觉？"令人恶心"到底是种什么样的感觉？

当他们有一种恶心的感觉时，他们想做什么？

当儿童对昆虫模型的反应消极时，如蜘蛛，请他描述他们是什么感觉。当他们意识到不是真的蜘蛛时，他们的感觉变化了吗？哪些身体部位的反应能够表现出他们不喜欢他们拿着的那个东西？

还可以通过使用香草、香水、花、食物和香料等来提供不同的、安全的气味以评估和标记好和坏的感觉，从而拓展上述练习。可以以小组合作的方式制作一本名为《带给我们好、坏感觉的气味》的书。

眼罩一般用于与感觉相关的学校活动。然而，不建议教师将眼罩用于有障碍的儿童，因为当他们失去感觉控制时，他们通常会惊慌失措。

对木偶剧或角色扮演的一些建议

◇ 大的木偶威胁小的木偶放学回家的路上会打他一顿。

询问孩子小一点的木偶会有什么样的感觉。

他/她可以做些什么保证自身安全？

◇ 到了午饭时间，一个木偶拿出自己的包，发现他的午餐盒被偷了。

他有什么样的感觉？

他可以做些什么应对？

◇ 一个木偶向班级坦白他的父母昨晚把他交给保姆看管，而他的保姆给他看了一些"粗俗的照片"。木偶告诉观众他有什么样的感觉，并且询问他怎样做才能避免这样的事情再次发生。

给每一个孩子一个机会提建议。

◇ 一个木偶说他圣诞节的时候在一个大型的、繁荣的百货店走丢了。木偶四处找他的妈妈，但是怎么也找不到。询问观众，木偶可能会有什么样的感觉。他应该做些什么来保证安全？

◇ 一个木偶不小心洒出来一些饮料。他的爸爸非常生气，一边大声骂他一边推他，还骂不好的话。问孩子：

"小木偶会有什么样的感觉？"

"他可以做些什么应对？"

鼓励适当地表达情感

有机会时鼓励孩子表达他们的情感。当孩子借助激进的行为以期达到他们的目的时，通常都是因为他们在用能够被接受的方式达到相应目的方面缺乏知识和方法。当有争吵发生时，阻止这种行为，并且告诉参与者他们这样的争吵会被大家听到。

鼓励每个孩子依次依据自身的感受阐述发生了什么。比如：

"我觉得很失落，因为当我需要我的铅笔时它不在；我很生气，因为他没有问我就拿走了我的铅笔，我很怕我不能要回来了。"

询问每个参与到争吵中的儿童，他/她希望"下次"遇到这种情况时怎么解决。比如：

"我希望他能够友好地跟我借东西。"

老师要询问主要闹事者他们是否知道有关行为的规定。他们的需求是什么？他们如何用更适合的方式来满足他们的需求？

邀请受害者评价这些建议。他们觉得这些建议如何？他们有没有更好的解决方法？

理想的情况是，老师使双方达成一致，并且使所有参与者用语言表述达成一致的内容。

在早期阶段，过程会进展得很缓慢。然而，一旦掌握了这样的步骤，孩子就可以自己解决发生的状况而不用成人介入。这可以培养孩子的自律性，从而减少摩擦。

针对"当我们有不好的感觉时可以怎么做"进行头脑风暴

◇ 讨论什么样的事情会让我们感觉：难过、担心、生气、失望、愚蠢、孤独、害怕、不舒服、忍无可忍、无用、嫉妒、羞愧、困惑、失望等。
◇ 询问孩子可以怎么做来阻止不好的感觉。
◇ 讨论解决问题的方法。

我们都有感觉

每个人都有感觉。

我有感觉，你也有感觉。

我们都有感觉。

有时候它们是好的感觉。

我们希望能够一直保持好的感觉。

而有时候它们是不好的感觉。

我们希望不好的感觉消失。

你今天感觉如何？

看看下页那些面部表情，指出哪个像你。

好的感觉

有时候我们觉得开心。

有时候我们觉得难过。

有时候我们既不开心也不难过。

快乐的感觉是我们想保持的好的感觉。

我们希望它能一直一直持续。

跟我讲讲你喜欢的一些快乐的感觉……那些你想永远保持、不想消失的感觉。

教师应通过头脑风暴的方式列出一份"我们喜欢的好的感觉"的清单。

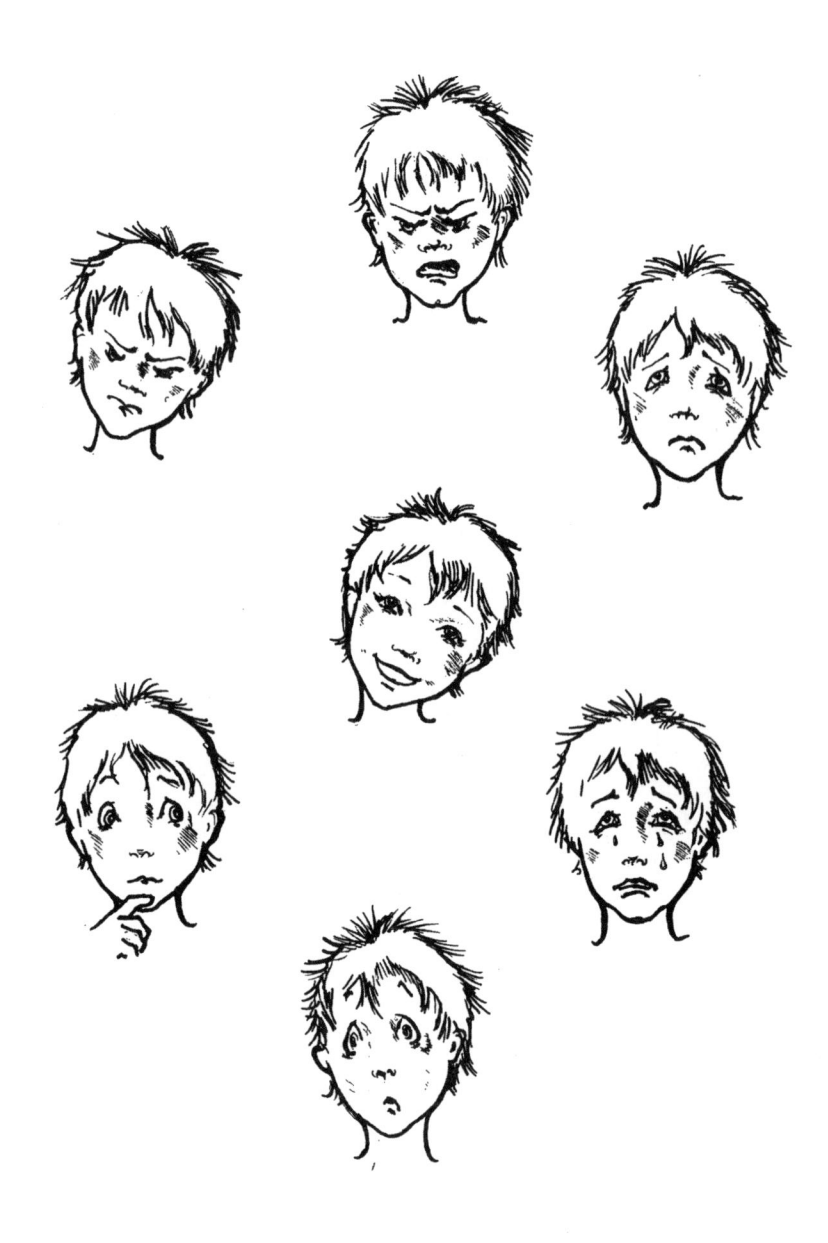

178 特殊儿童安全技能发展指南

工作表

展示不同感觉的脸图

画一张脸展示：

一种悲伤的感觉

一种开心的感觉

工作表

一种困惑的感觉

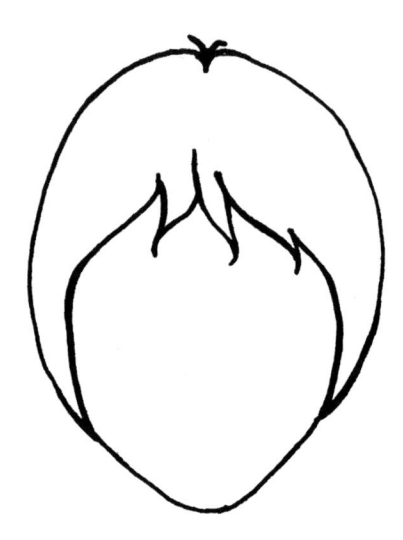

一种恶心的感觉

工作表

我的好的感觉

我有好的感觉，当：_____
_____
_____
_____
_____

我感觉真的很开心，当：_____
_____
_____
_____
_____
_____
_____

我感觉愉悦，当：_____
_____
_____
_____
_____
_____

我喜欢那样的感觉，当：_____
_____
_____
_____
_____

工作表

我们听到的一切都会给我们带来感觉

> 我们听到的一切都会给我们带来感觉。
> 有时候,我们不喜欢我们听到的,
> 我们会感觉不好,想让这种感觉消失。
> 有时候我们很喜欢我们听到的,
> 我们会感觉很好,想听到更多。

这些是我喜欢听到的:_____

_____

_____

_____

_____

_____

而这些是我不喜欢听到的:_____

_____

_____

_____

_____

_____

我们品尝到的一切都会给我们带来感觉

我们的身体给我们许多不同的感觉。

一些是我们喜欢的好的感觉，

一些是我们希望消失的不好的感觉。

我们的一切都会给我们带来感觉。

一切我们舔的或是咽下去的或是放入我们口中的，都给了我们感觉。

当我们有好的感觉时，我们说："真好吃！我能再来点吗？"

当我们有不好的感觉时，我们说："恶心！尝起来真难吃！"

你喜欢尝什么？

你不喜欢尝什么？

列一张给你好的感觉和不好感觉的味道清单。

给教师的建议

应该采用同样的方式使孩子将自己的感觉与嗅觉联系起来，将感觉与视觉联系起来。

悲伤的感觉

有时候，我们有悲伤的感觉。

告诉我，什么让你感觉悲伤？

当你悲伤的时候你会做些什么事情？

与他人分担你的悲伤感觉是有帮助的。

如果你觉得悲伤，可以与别人说一说。

你可以告诉谁呢？

告诉愿意倾听并且愿意帮助你的人。

当他人与我们分担时悲伤的情绪会消失。

这张图片中正在发生什么

下面的图片中正在发生什么？

你认为这些男孩和女孩在什么地方？

站在门边的是金，你觉得她感觉如何？

你认为其他人感觉如何？

你觉得他们在谈论什么？

你曾经有被一个团体排斥的感觉吗？

发生了什么？

你做了什么？

你还有过其他不开心的感觉吗？

有时候我们有恶心的感觉

有时候我们有恶心的感觉。

恶心的感觉是不好的感觉。

它们使你很不舒服。

恶心的感觉让你想说:"不!恶心!快停止!"

什么会给你恶心的感觉?

记住,你是你身体的主人。

如果有人做了一些让你感觉"恶心"的事时,告诉他停止。

人们是禁止对孩子做恶心的事情的。

有时候人们做的一些事情让我们觉得害怕

有时候，人们做的一些事情让我们觉得害怕。

什么样的事情会让你觉得害怕？

当你有害怕的感觉时，你能做些什么让自己感觉安全？

深水区
水深 1.7 米

当你感觉害怕时，告诉其他人。告诉其他愿意倾听并且愿意帮助你的人。

你可以告诉谁呢？

工作表

你正走在走廊里,突然,一辆轮椅以很快的速度向你冲过来。当时没有空间让你能够躲开。

你身体的哪些部位反应让你知道,你不安全:

我的头感觉 _____

我的胃感觉 _____

我的双腿变得 _____

我的膝盖 _____

我的双手 _____

我的头发 _____

和 _____

_____

_____

_____

_____

从这些反应中你知道你该怎么做:

_____

_____

_____

_____

_____

工作表

这些是让我们感觉害怕的事情

有时候，人们做的一些事情让我们感觉害怕。感觉害怕没有关系，每个人都有害怕的时候。

我觉得害怕，当 _____
_____
_____

我感觉害怕，当其他的孩子 _____
_____
_____
_____

我感觉害怕，当其他的成人 _____
_____
_____
_____

我知道孩子害怕 _____
_____
_____
_____

这是我们可以做的阻止害怕感觉的事情：_____
_____
_____

跟他人谈论一下！

工作表

如果……

如果我在暗处觉得害怕，这是我可以做的使害怕的感觉消失的事情：
_____
_____
_____

如果我一个人在房子里感觉害怕，这是我可以做的让自己感觉好一些的事情：
_____
_____
_____

如果我害怕一个成年人，这是我可以做的使害怕的感觉消失的事情：
_____
_____
_____

如果我看电视的时候感觉害怕，这是我可以做的让自己感觉好一些的事情：
_____
_____
_____

我们都会有害怕的感觉，但是我们可以做些什么来让这些感觉消失：
_____
_____

工作表

假设你正在过马路，突然，一辆车以非常快的速度从一个拐角正对着你开过来。

你觉得如何？（圈出这些感觉）

安全的	不安全的	受到惊吓的	惊讶的	开心的
震惊的	悲伤的	强壮的	担心的	勇敢的
好的	不好的	害怕的	其他感觉：	

假设你打开一个橱柜门，有一只老鼠跑了出来，跑到你的脚上。

你觉得如何？

好的	不好的	受到惊吓的	震惊的	恶心的
担心的	愉悦的	惊讶的	安全的	不安全的
害怕的	开心的	其他感觉：		

_____

_____

_____

_____

_____

_____

_____

工作表

每个人在某些时候都会觉得生气

每个人在某些时候都会觉得生气。

觉得生气是很正常的,

但是你一定要跟别人谈论这件事情。

最好和我们分享你生气的感觉,

不要自己承担。

这是我们生气的时候看起来的样子:

这是会让我们生气的事情:
_____
_____
_____

这是我生气的时候可以做的事情:
_____
_____
_____

担忧（或者困惑）的感觉

给教师、父母及照顾者的建议

担忧（或者困惑）感觉的概念对于发展程度较低的儿童来说掌握起来极其困难。如果儿童能够分辨这些感觉会有帮助，因为当成人向他们实施性行为时，他们体验到的一般都是困惑的感觉。虽然以儿童的认知他们可能会知道正在发生的事情是错的，但是施害者向他们保证"一切都没关系"。甚至性接触可能会让人产生"没关系"的错觉。困惑使孩子处于弱势地位，并让他们更易受到性侵害的伤害。

与儿童讨论

有时候，我们的感觉是令人担忧（困惑）的。我们不能确定我们是否喜欢或是讨厌它们。

我们的胃有一种滑稽的、我们不喜欢的感觉。

这种滑稽的感觉告诉我们有什么不对劲。

它提示我们离开，保持安全。

你在什么时候有这种滑稽、担忧的感觉？

有时候，我们喜欢和一个人待在一起，但是我们不喜欢那个人做的事情。这种情况曾经在你身上发生过吗？跟我谈一谈吧。

好的感觉可能变成担忧的感觉

给教师的建议

为了保证安全，儿童需要知道对某人行为的接受态度并不是不能改变的：我们可以随时改变我们的想法，特别是当情况发生变化时。年龄小的孩子和有发育障碍的孩子理解这些是很困难的。

教师应为孩子提供练习使用目光接触和自我肯定技能的机会。教师应创造机会让孩子练习用有说服力的方式说"不"。

有时候，我们感觉良好，并且我们不想让这些好的感觉消失。

与其他孩子扭打可能很有意思。

与我们喜欢的人扭打可能很有意思。

但是我们不想总是扭打。

有时候扭打持续太长时间。

有时候，它变得艰难。

而我们想让它停止。

当我们想让一件事情停止时，我们应该说什么？

我们应该做什么？

假设你正在与你的朋友扭打。

扭打持续很长时间，结果他们弄疼你了，但是他们不想停下来。

你能怎么做？

工作表

有人可能让你做一些感觉不对的事情

有时候,当人们让你做一些事情时,我们有一种滑稽的、担忧的感觉。它不太对劲。

如果有人让我做些感觉不对的事情,我可以说:

_____
_____
_____
_____
_____

我能做:

_____
_____
_____
_____
_____

我可以告诉这些人:

_____
_____
_____
_____
_____

工作表

如果你有担忧（或困惑）的感觉，你可以说：
"请不要这样做，我不喜欢。"
你还能做些什么？

如果人们在你说"不"的时候不在意，
跟别人说这件事。
告诉可以帮助你的人。
你可以告诉谁？

画一张你没有一点担忧时的图画。

这个男孩觉得担忧，因为他单独在房子里

其实，你自己一个人在家也可以很有意思。

这个男孩可以做些什么让自己觉得更安全？

这个男孩看到他的房间墙壁上的影子感到很害怕

他能做些什么，使自己在夜晚的房间里感觉更安全？

工作表

多数时候我感到安全且高兴

我感觉安全且高兴,当我_____

_____

_____

_____

_____

我感觉安全,当我和_____

_____

_____

_____

_____

我感觉不安全,当我_____

_____

_____

_____

_____

我感觉不安全,当我和_____

_____

_____

_____

_____

工作表

我的不好的感觉

我感觉生气,当_____

_____

我感觉烦恼,当_____

_____

我感觉不舒服,当_____

_____

我感觉有点害怕,当_____

_____

我感觉有些困惑,当_____

_____

我感觉有些厌恶,当_____

_____

当你感觉不好时,不要独自承受。

告诉其他人。

告诉朋友。

告诉你的妈妈或老师。

当你与别人分享不好的感觉时,你会感觉好些。

不停地告知，直到有人帮助你，使你感觉安全

模块七

讨论触摸

在学习这个模块前,请先复习之前的模块。

目标

◇ 强化和延伸模块二到模块五中教授的概念。
◇ 为孩子提供练习对不想要的或者不适当的触摸说"不"的机会。
◇ 教会孩子告诉有责任感的成人,如果
　·有人对他们做出性方面的触摸
　·他们对触摸的正确性感到疑惑
　·触摸者不理睬他们拒绝的要求
◇ 向孩子教授有关触摸的安全规则,并学会识别会帮助他们的人。

老师、父母及照顾者的注意事项

当我们否认孩子是有性的个体时,我们也就否认他们喜欢触摸自己和互相触摸。触摸是生活中重要的一部分,这也成为障碍儿童的一个问题。从对立面中可以看出:

老师和父母应该注意分辨可接受和不可接受的触摸行为经常是最难教的技能这一事实。必须全面处理这种情况,因为这是所有儿童保护教育的核心目标。通常,老师和家长所说的内容与孩子所听到的和理解的存在巨大的差异。传达的信息必须是清晰的、无歧义的。孩子不懂关于触摸或者感觉的模糊的暗示,也不会向情感上或身体上依赖的人表达他们的性经历。

如果孩子不能清楚地分辨适当的和不适当的行为,就会危及他们的安全。

换言之，如果成人和大孩子不可以玩弄或以愉悦为目的接触孩子的生殖器官这一信息不够清晰，这个信息就没有意义。

触摸的积极意义 触摸带来	关于障碍儿童触摸的问题
基本的关心	过度的保护
沟通	孩子拒绝不想要的触摸的权利
	孩子保护个人空间的权利
娱乐和游戏	拒绝性行为
快乐	负面的沟通
爱	惩罚
舒适感	文化差异
安全感	同伴间的性触摸
正强化	用来获得权利和控制力的触摸
可接受性	性侵害
情感	同时被多人触摸
安全	不在乎孩子的意愿
鼓励	有侵害性的触摸
健康的关心	痛苦和不舒服的触摸
社交性的问候	超过家人和亲密关系的触摸
友情	
认可	
身体意识	戏弄
承认	医疗上的触摸
支持	理疗/按摩
性关系中的相互行为	在不适当时间的自我触摸

考虑到禁忌和老师与家长的感受，许多项目设计人已经想尽一切办法来避免向孩子传达简单的信息。他们希望教给孩子保护自己的技能，即当他们体验到不安全的感觉或者触摸时，能够意识到这是性侵害最初的感觉。尽管孩子能够意识到他们的感觉并且采取可使他们安全的措施，这是相当好的事情，但是

想要通过这个方法阻止性侵害是不实际的。

孩子很难学习这个技能，原因有很多。在最初阶段，最大的问题是大多数儿童遭受性侵害时既没有不安全感也没有不好的感觉；相反，由照顾者实施的性侵害最初都是以好的、安全的触摸开始，如伴有过度宠爱、关注和奉承的拥抱。哥哥姐姐和他们的朋友经常向男孩说性行为是无害的，或者说是男人通常会做的行为。

第二种危险是孩子从照顾他们的成人处获得安全的概念。如果成人说"这没什么可怕的"，孩子会因为相信成人会保护他们而接受照顾。调查表明，这是孩子很难辨别和报告他们信任的成人实施的性侵害行为的主要原因（1986, Kraizer）。

另一个危险是孩子不能将不好的触摸或者错误的行为和"好人"联系在一起；这里的"好人"是指那些他们相信或者对他们表达爱意的人。孩子通过成人的外表来判断他们是好人还是坏人。对于渴望爱的孩子来说，当性行为作为一种情感表达向他们呈现时，他们不会认为这是不想要的或是不安全的。

还有一种危险是孩子将触摸与手联系在一起。除非有更广泛的定义，否则不通过手的性侵害（通过口或生殖器官）可能会被错误地分类，这将成为一种危险。因此，有必要让孩子注意日常生活中不同的触摸，并且用木偶剧或者角色扮演的方式来帮助孩子辨别性触摸。

在认定性触摸是"不好的"时，教育者的另一个烦恼是孩子可能对自己的性行为产生消极的态度。这就是适龄性教育要伴随个人安全技能一起教授的很重要的原因。这对于青少年了解身体变化、身体功能和关注性关系尤为重要。鉴于性教育对儿童安全的重要性，性教育应该在孩子进入青春期之前很长一段时间就开始。

这一部分是十分复杂和重要的，以至于老师和家长必须在每个阶段进行评估来保证孩子已经学会必要的概念，并可以在不同情况下适当地应用。

令人担忧（或者令人困惑）的触摸

性侵害可能是由游戏或者感觉良好的抓痒开始。它可以改变，让人无法确定是否想让这个行为继续。这个行为一旦开始，孩子很难阻止它。施害者利用的是孩子的好奇心和困惑。当触摸不符合我们的想法和期盼时，它会变得让人感到担忧。如果这之前从未发生过，快乐和不快乐的情绪会掺杂在一起。当孩子因生殖器官被触摸而产生情绪紊乱时，他们担忧的感觉尤为强烈。

当不确定触摸者的意图时，触摸会变得让人感到担忧。当触摸者承诺的话与他的行为矛盾时，这很可能引起孩子的情绪混乱。例如，触摸者向受害者保证"每个人都会做"，但是与此同时，让受害者保守秘密。施害者会使受害者感到痛苦，但会向受害者保证这是一种愉快的体验，这也会让受害者感到困惑。受害者会想"可能是我的错"。

教学方法

◇ 用课本中概括大纲的形式讲述触摸的概念。

◇ 制作"如果……"的问题解决卡片。

◇ 用幻灯片解释好的、安全的、人们都喜欢的触摸和人们不喜欢的触摸。问孩子图片里发生了什么："这是一种什么样的触摸？你可以说一下吗？"鼓励孩子把触摸和感觉联系在一起。新西兰、英国的孩子经常用"粗鲁"来描述性行为和有关性的言论。美国孩子可能用"肮脏"来描述同样的事情。弄清孩子对"肮脏"、令人厌烦的和不好的行为以及触摸的定义。大多数孩子在童年时期都经历过这些。

◇ 小组成员之间用图片来展示不同的触摸行为。让孩子从杂志上剪下和课文中所表达内容一样的图片，并提供更多的机会让他们讨论。

◇ 用木偶剧和角色扮演的形式展现不同触摸行为的例子。

◇ 表演人们都喜欢的触摸，如拥抱、轻拍、亲吻和轻抚等。讨论的焦点在于当我们得到好的触摸时我们会有什么样的感受。
◇ 告诉孩子好的触摸可能会变成不好的、"粗鲁的"或者令人厌烦的触摸，可以在不想要的时候中止它。怎么中止呢？
◇ 班级安全规则中应包括安全的、好的触摸规则。
◇ 建议父母了解在家里提倡和实施同样规则的必要性。如果在学校教会孩子他们有权拒绝他们不想要的触摸，而在家里家长忽略了练习的机会，努力将会白费。
◇ 只要有机会就强调简单的安全的规则，例如"我们不能对触摸保守秘密"或者"我认为你应该自己做……成人不应该触摸你身体的特殊部位"。
◇ 确认孩子知道"隐私"的定义。
◇ 确认孩子知道他们身体隐私部位的名称。
◇ 确保孩子知道如果没有自己的允许，任何人不能亲吻他们，也不能将任何东西放进他们的嘴里。
◇ 不管孩子和谁在一起，有必要告诉孩子安全触摸的规则适用于所有场合。一些成人不知道和孩子接触的度，孩子需要告诉他们。有的男性不知道，有的女性不知道，有的大孩子也不知道。这些规则适用于所有地方，如学校里、校车上、出租车上……
◇ 告诉孩子，如果他们不确定触摸是否适当，要让你知道。
◇ 编一本关于"不同种类的触摸"的分类手册。
◇ 确保孩子练习使用一种令人信服的方式拒绝成人（和其他人）。
◇ 如果孩子在个人卫生方面需要帮助，确保他们自己和工作人员都了解基本的安全触摸规则并依此规则实施。

触摸的规则[①]

当谈到不被接受的触摸时：

◇ 开诚布公地承认有些孩子和大人不遵守规则。做出"粗鲁的"或者不好的触摸的人知道他们做错了，但仍那么做。如果孩子不告诉他们，不遵守规则的人会继续那么做，这可能会伤害更多的孩子。最好的阻止他们的方式是告诉他们，并且一直持续到他们停止。你可以告诉谁?

◇ 确定孩子、家长和监护人知道关于身体所属权和保护身体隐私的规则：
 · 当我们拒绝的时候，不可以触摸我们的身体
 · 不允许透过衣服挠痒和触摸我们
 · 没有人可以把触摸我们身体的隐私部位当作乐趣
 · 即使医生需要触摸我们的隐私部位，护士、我们的母亲（或其他员工）也必须在现场
 · 如果孩子在个人卫生方面需要帮助，不能用手指来碰触他们的隐私部位
 · 我们不能隐瞒有关身体隐私部位的秘密

◇ 确保父母知道在家里练习安全规则的重要性。

◇ 强调如果有人没有遵守规则，告诉一个可以聆听和帮助他们的人是很重要的。大人不可以不遵守规则。其他孩子也不能不遵守。如果他们忘了这个规则，大人必须提醒他们这是错误的。如果孩子不告诉任何人他们正在经历不好的触摸，人们会继续不遵守规则。

◇ 告诉孩子（并且时常提醒他们）"如果大孩子或者成人对你做了错的或者粗鲁的事情，那绝不是你的错，你不应被责备"。许多孩子因讨论性行为而被家长或者老师训斥过。他们认为有人粗鲁地对待他们是他们自己的过错，也是因为这个原因，他们不敢告诉别人。孩子应该明白如果他们报告了不当的性行为，他们不会有麻烦。

---

① 原注：我们推荐您将本模块内容与埃里克·贝格（Eric Berg）的迷你小册子《讨论触摸》《告诉别人》和《停下》搭配使用。你可以从网络出版物和实体书店中获取上述资源（出版社地址：P.O. 8506, Santa Cruz, CA95061-8506, USA）。

◇ 告诉孩子他们可能在任何时间、任何地点遭遇粗鲁的、不好的触摸。他们可能在学校、家里或回家的路上遭到不好的触摸。触摸你的人也许是一个年长的人、一个女人或者一个男人。可能是一个你不认识的人或者你认识的人。

◇ 告诉孩子一定不能忍受粗鲁的、肮脏的或者不好的行为，如果有人不遵守规则，必须告诉一个负责任的大人。

◇ 鼓励孩子列出一份可以信任的人的名单。

◇ 给孩子角色扮演的机会，练习拒绝和报告不恰当的行为。

◇ 教育孩子如果他们告诉的第一个人不听或者不相信他们说的话，他们必须坚持下去，直到有人帮助他们阻止这个不好的行为；利用角色扮演来呈现大人忽视孩子的情形。

◇ 用解决问题的方式鼓励孩子寻找自己解决问题的方法："设想你的母亲很忙，不能听你的话，你还可以告诉什么人？""设想他／她不相信你……接下来你该怎么办？"

每个阶段结束后

请用一个正式的评估方法来确定哪个孩子知道了正确的概念，哪个孩子还不知道。

用表演的形式来确定如何处理不想要的和不恰当的触摸

提及不适当的触摸时，应尽量采取第三方的方法以保护已经受到伤害的人。

用表演的形式向观众呈现令人担忧的问题。在表演中展示孩子已经学到的保证安全的方法，并询问他们的意见。

当孩子已经能够熟练地解决问题，可以向他们提供不同的情境和表演机会，让他们寻找解决办法。每次表演结束后，询问孩子在那样的情况下演员的感受。演员如何做才能感到更好或者保证安全。

孩子的方法是否可以保证安全？他们能否想到更加有效的措施？能否阻止不想要的行为？不同的触摸行为可以用表演展示出来。例如：

- ◇ A 拉了 B 的头发，并对她使用了不礼貌的称呼。问观众此时 B 的感受。B 是否想要这样的触摸？ B 应不应该忍受这个？她可以做些什么？
- ◇ 一个不透露性别的演员告诉观众，当他 / 她在拜访一个好朋友的时候，朋友的父亲让他 / 她坐到他的膝盖上，这使他 / 她感到很忧虑。对此，他 / 她可以做些什么？
- ◇ 一个男孩说一些大男孩把手放在他的裤子上，他问同学他应该怎么做。

制作工作卡片

卡片可以帮助孩子区分好的触摸和应该制止的触摸。

例如，如果：

- ◇ 老师轻拍你的背并说"做得好"。
- ◇ 当母亲把你放在床上时，给了你一个拥抱。
- ◇ 给婴儿换尿布。

应该如何处理下列情况：

- ◇ 他们和保姆在打闹，保姆把手伸进衣服里给他们挠痒痒。
- ◇ 他们在游泳池里，有人想扯下他们的泳裤 / 泳衣。
- ◇ 当他们洗完澡时，一个成人想帮他们擦干身体，但是他们觉得还是自己做比较好。
- ◇ 当他们下公交车的时候有人解他们的扣子。
- ◇ 一个大男孩说："如果你抚摸我的生殖器官，我会把这些钱都给你。"

教导并练习报告的技巧

除非允许孩子去描述和报告"粗鲁"的行为，否则他们不会揭发性侵害。一些孩子会模糊地向大人暗示以希望他们能理解。

除非孩子已经练习过报告所发生的事情，否则他们没有勇气做出真实的报告。当他们以前没有经历过这种行为时，他们甚至可能不知道如何表达。大量的练习能够增加汇报的准确性。当孩子缺乏沟通技巧时，练习尤为重要。

可以用提问的方式来检查孩子的报告能力，例如关于不想要的触摸或者粗鲁的行为。

保姆的问题

设想你的母亲不在家，把你留给一个你不认识的新保姆。假如保姆说："我允许你今晚熬夜看录像。我还可以让你感受一些特别的事情。但是，我们首先要做一个新游戏。"

你喜欢做游戏吗？假如保姆说，要做这个游戏，就必须把你的衣服全部脱掉。这是一个好游戏还是坏游戏？

你允许吗？

为什么？

如果保姆是一个成年人，你必须要做这个游戏吗？

为什么？

给老师们的建议

脆弱的孩子会说做这个游戏是不对的，但是他们必须听保姆和成人的话，不然他们会生气。一些孩子可能会说他们喜欢和保姆做游戏，一些孩子可能反映他们已经和成人做过这种游戏。

如果孩子说他们会拒绝做这个游戏，那么问一问他们：

"怎么做才能使你不受到那些想要对你做出粗鲁行为的人的伤害？"

一些孩子说他们会拒绝做这个游戏，并对对方说"这是不允许的"，然后去睡觉。很少有孩子知道当父母把他们留给其他人照顾时，如何与父母取得联系。当孩子知道父母的去向，并且能够和他们取得联系时，孩子会表现出更多的自信。

你应当和别人说这个吗？

这是不是一个紧急情况？为什么？

你可以告诉谁？

什么时候说？

你会说些什么？

大多数孩子说他们会告诉妈妈，但是当被问到会说些什么时，他们使用的语句却很模糊，例如"我不喜欢这个保姆"或是"这个保姆很自私"。

如果孩子用这种方式表达，可以问他一些更深入的问题。

"如果你说……你妈妈会知道保姆做了什么吗？"

"你妈妈想让保姆那么对待你吗？"

孩子一直坚信他的妈妈不会聘用一位行为粗鲁的保姆，因为"这是不允许的"。

"来，我们继续。如果有人想做一些你不允许的事情，而你想阻止他们，你如何做才能确保他们不会再那么做？"

"你会对那个人说什么？"

"你会对你妈妈说什么？"

"假如你妈妈没有在听，假如她在看电视，只说'嗯'，你还能做些什么？"

顺着这个问题的线索追问，直到孩子准确地说出发生的事情，就告诉他如果妈妈不听，可以告诉其他人，包括老师、警察和社会工作者。如果孩子说他会给警察或者亲戚打电话，让他具体说说他会怎么打电话，并且通过角色扮演帮助他完成对话。孩子需要信心来开诚布公地反映问题。

我们总是在触摸东西

我们一直在触摸。

我们每时每刻都在触摸。

当我们在床上睡着的时候,我们在触摸床单。

当我们早上穿衣服的时候,我们在触摸衣服。

我们触摸正在吃的食物。

事实上,我们从未停止过触摸。

我们用身体不同的部位触摸事物。

我们正在触摸什么?

你的脚正在触摸什么?

你的左手正在触摸什么?

你的右肘正在触摸什么?

你的臀部正在触摸什么?

一些触摸是好的。

一些触摸是不好的。

告诉我好的触摸——你喜欢的触摸。

开始学习一本关于"不同种类的触摸"的书。

工作表

我心中的好的触摸

好的触摸感觉很棒！这样的触摸越多越好。这些是我喜欢的好的触摸：

_____
_____
_____
_____
_____
_____

这是可以给我我喜欢的好的触摸的人的画像。

我喜欢的触摸者叫 _____
我喜欢被这样触摸 _____
_____
_____

工作表

好的触摸可以变成不好的

大多数触摸是好的。

我们都喜欢好的触摸。

但是，有时候好的触摸会变成不好的。

不好的触摸可以造成伤害。

不好的触摸令人感到厌恶。

不好的触摸令人感到担忧。

我们想阻止这样的触摸。

这些是我不喜欢的触摸 _____

_____

_____

_____

_____

_____

那些做出不好的触摸的人叫 _____

_____

_____

_____

_____

_____

脸贴脸拥抱

手臂相挽拥抱

侧身挨近拥抱

快速拥抱

模块七 讨论触摸 215

有不同形式的拥抱。你喜欢被拥抱吗？有时还有集体拥抱。

集体拥抱

拥抱的规则

有好的拥抱和不好的拥抱。

好的拥抱是很棒的!

你有过好的拥抱吗?

是谁给你好的拥抱?

有时,我们不想被拥抱。

没有人想一直被拥抱。

所以,确立拥抱的规则是必要的。

你只能拥抱那些想要被拥抱的人。

如果你拥抱了喜欢拥抱的人,那个人也会拥抱你。

当一个人想要给你一个大大的拥抱,但是你并不喜欢时,你可以怎么做?

这是一个视觉障碍男孩在别人帮助下过马路的图片。

这个男孩正在经历一个他喜欢的好的接触，还是他想要阻止的不好的接触？

这幅图片中,一个男孩正要进入浴缸。

这是他喜欢的触摸还是他想要阻止的触摸?

你是怎么看出来的?

模块七 讨论触摸 219

荡秋千很有趣！

但是当你想下来的时候，别人把你推得很高，这是一个不好的触摸。

挠痒会使人受到伤害

挠痒可以很有趣。它可以使人发笑。

但是有时,我们不想被挠痒。

有时被挠痒太长时间,它会让人受到伤害。

当我们想停止被挠痒的时候,大声地说"不,停下"。试着说"不要"。

再大声些!大到如实表达你的这个意思。

现在,再试一次,但是这次坐直并直视对方的眼睛,说"不"。

模块七 讨论触摸 221

这是好的触摸还是不好的触摸?

你是怎么知道的?

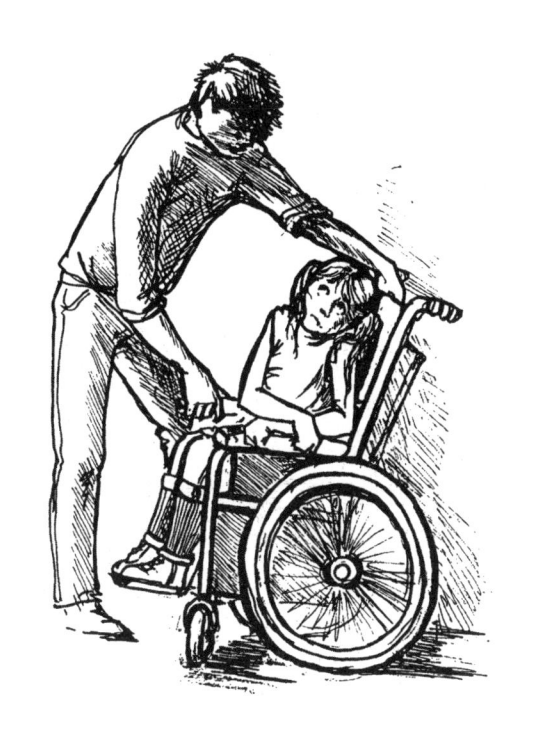

这是好的触摸还是不好的触摸?

你是怎么知道的?

这个女孩应该怎么做?

伤害人的触摸

以下是触摸的规则。

> 远离不好的触摸。
> 永远不要给予他人不好的触摸。
> 不好的触摸可能伤害他人。
> 不好的触摸使人感到糟糕。
> 让我们来看一下你知道的伤害人的触摸有哪些。

运用头脑风暴的方式，列出"伤害人的触摸"，将它们加入课堂学习中。

角色扮演："你愿意让我梳你的头发吗？"

一个成人扮演家长，另一个人（最好是长发）扮演小女孩。

开始表演：当家长进屋的时候，女孩正在梳头发。女孩正很不舒服地揪着头发。

"你愿意让我来帮你吗？"家长问。

"好，可以。"女孩说。

停止表演：问观众，这是给孩子好的感觉还是不好的感觉，他们是怎么知道的？

重新表演：孩子把梳子递给家长，家长开始温柔地梳起来。

孩子说她感觉很好，而且看上去很开心。

接着问观众孩子的感觉是好还是不好：这是一个好的触摸还是不好的？

成人假装头发打结了，用力地梳起来。孩子脸上的表情显示她很疼。

停止表演：问这是否仍是一个好的触摸。这是一种什么样的触摸？××（孩子）可以阻止吗？她可以做什么？

重新表演：孩子开始乱动并抱怨。成人生气了，告诉孩子继续坐好，因为乱动会更疼。孩子继续闪躲，家长变得很暴躁。

停止表演："孩子的感觉是好还是不好？这是一个好的触摸还是不好的？"

"你认为××（孩子）知道头是她身体的一部分吗？谁拥有她的身体？你认为她知道她不必接受这种让她感到不舒服的触摸吗？"

"她可以怎么做来避免这种感受？"

"你认为我们应该告诉她吗？"

停止表演：老师告诉扮演孩子的人："我们要知道你现在的感受。这是好的感觉还是不好的？你想停止这种感觉吗？"

扮演孩子的人说她想要停止，但是无法阻止成人。

老师问观众："她说得对吗？"

老师对孩子说："你知道你的身体只是你自己的吗？它不是其他人的。当成人用不舒服的方式触摸你的时候，你可以告诉他们你不喜欢那样。为什么不试试这样做会发生什么呢？"

这可能会启发孩子请求班级/小组的帮助："看起来你了解很多东西。我的身体真的是我的吗？我应该怎么做？"

在讨论时，老师应该要确保××（孩子）知道她应该在她最开始感觉不舒服的时候就告诉这个成人她不喜欢这种触摸。

讨论结束后，应该重演这个场景。老师让在观众席中的孩子帮助××在感觉不舒服的时候立刻拒绝。帮助观众弄清楚从什么时候开始，好的触摸变成不好的触摸了。老师指导孩子当××看起来不舒服的时候，立刻喊"现在"。之后，扮演孩子的人会告诉家长："不要这么用力梳，它使我感到非常不舒服。"

之后家长向孩子道歉，更加温柔地梳起来。

问观众孩子和家长现在的感觉是好还是不好。

这个场景能够很好地解释好的触摸能变成不好的触摸，好的感觉能转换成不好的感觉。而且，即使我们在一开始说好，也不意味着我们不能转变态度。通过这个角色扮演告诉孩子，最好是在触摸从好变成不好的那一刻就说："停，我不喜欢这样。"

一些触摸给人一种令人讨厌的感觉

一些触摸给人一种令人讨厌的感觉。

当有人让你坐在他的膝盖上,但是你不想这样时,你会感到很厌烦。

有人想要张开湿乎乎的嘴唇狠狠地亲你一口,你会感到很厌恶。

一些拥抱也很讨厌。

当有人对你做出令人讨厌的触摸时,记住,那是你的身体。你可以说"不",并且走开。如果那个人不理会,让大人来帮你。你可以叫谁帮忙?你要说什么?

令人讨厌的触摸会让人感到烦恼

有些人会对他人做出令人讨厌的触摸。

有时,当我们遇到讨厌的触摸时,我们并不知道应该怎么做。

有时,一些触摸一开始是我们喜欢的,然后变成令人讨厌的。

如果我们之前从未经历过,讨厌的触摸可能让人感到烦恼。

你可以想出一个讨厌的触摸吗?

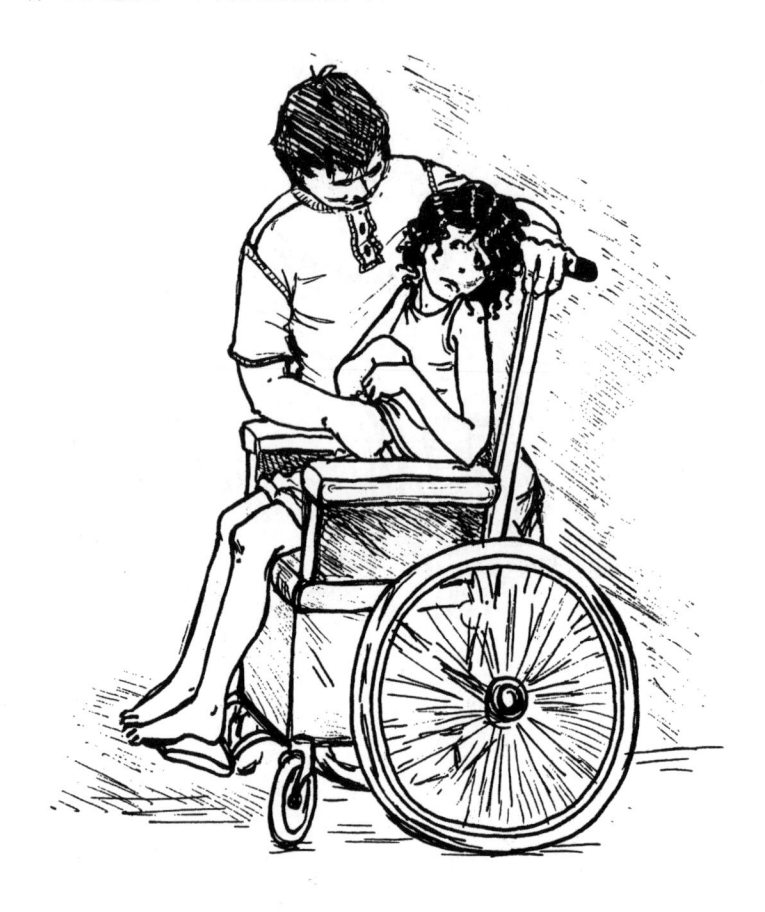

一些人做出令人讨厌的触摸,并感到很有趣。

我们不可以做出令人讨厌的触摸。

尽量不要成为其中的一员。

性触摸

粗鲁的（错误的或者不好的）触摸是最难讨论的触摸。

如果有人想要我们做出一些粗鲁的（讨厌的或者肮脏的）行为，这会让人感到烦恼。

如果有人对我们做一些粗鲁的或者错误的事情，这也会让人感到烦恼。

孩子只能得到好的触摸。

如果触摸让你感到烦恼，记住，这是你的身体，你是它的主人。你不需要忍受不好的（粗鲁的）触摸。

说："停！我不允许这样。"尽快离开，告诉别人。你可以告诉谁？

如果有人触摸你的隐私部位，这不是你的错

如果有人对你做出粗鲁的（或者肮脏）的行为，这绝对不是你的错。

一些孩子那么做。

一些成人那么做。

他们知道那是错的，但还是那么做。

任何人不能触摸你的隐私部位。

如果你是个女孩，任何人都不能摸你的胸部。

任何人都不能把手放进你的裤子里。

任何人都不能把你的手放进他们的裤子里。

隐私部位是个人隐私，我们应该把它们保护起来。

记住，这是你的身体，你是自己的主人。

所以，如果有人对你做出粗鲁的（或者不好的）事情，告诉你的老师。

告诉可以听你说并且帮助你的成人。

一直说到他们肯听和帮助你为止。

如果你说了，你会感到舒服许多。

你可以告诉谁？

如果你知道有人因为不好的行为而烦恼，告诉他们任何人都不可以对孩子做那样的事情。听他们说他们想说的话，帮他们告诉可以帮助他们的成人。

不许

任何人都不能因为乐趣触摸你的隐私部位。

任何人都不可以在你的衣服里挠痒。

任何人都不可以在你的隐私部位旁边乱摸。

任何人都不能为了乐趣而偷看你的隐私部位。这是隐私。这是我们用衣服把它们遮盖起来的原因。

模块七 讨论触摸 231

任何人都不能让你看他们的隐私部位。

指出你身上的隐私部位。

有些人不知道触摸的规则

有些人不知道触摸的规则。

一些大孩子做不被允许的事情。

有时，成人不知道在孩子面前应该做什么。

有时小孩子应该阻止大人。

不！停！这是我的身体。我不喜欢这样。

不！停！这是不被允许的。

然后告诉可以帮助你的人。

说出你的秘密

设想，有一个你认识的成人对你做出粗鲁的行为，然后说："你不能把这件事告诉任何人。如果你那么做了，你将会有大麻烦。这是我们的秘密。"

你需要保守这个秘密吗？

你可以辨别这是一种什么样的秘密吗？

这是个好的秘密还是不好的秘密？

如果你把不好的秘密告诉别人，你真的会有大麻烦吗？

成人可以对孩子做粗鲁的事情，并让孩子为他们保守秘密吗？

你可以做什么？

你能告诉谁？

你可以说什么？

设想那个人根本不相信你，认为你是在编故事。

你会告诉多少人？

你会在什么时候停止？

安德鲁在学校和一个大男孩有矛盾。这个大男孩是一个总推搡其他孩子的小霸王。当这个男孩在厕所的时候，安德鲁不敢去上厕所。他等到男孩回家才去上厕所，但是有时候等的时间太久了就尿裤子。

妈妈总生气地说："你已经不是做这种事情的年龄了。我正在洗你的裤子。"安德鲁想要告诉妈妈关于大男孩的事情，但是她正忙着洗裤子，而且十分生气。

当爸爸回家后，妈妈告诉爸爸安德鲁尿湿了裤子。爸爸因为他的懒惰而责备他。

安德鲁说："有一个大男孩……"但是爸爸在看报纸，不听他讲话。

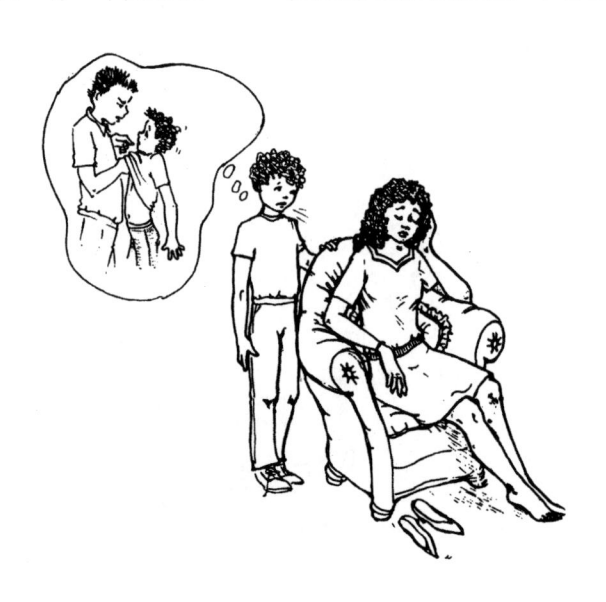

安德鲁的姐姐放学回家后嘲笑他。安德鲁说:"我不喜欢学校的厕所。"但是姐姐正在看电视。

安德鲁和一个大男孩有矛盾。

他需要告诉一个人,但是没有人听他讲。他可以做些什么?

安德鲁决定等到他们坐下一起吃饭的时候,郑重其事地说:"爸爸妈妈,听着,我有重要的事情要告诉你们。是我在学校里发生的事情。"

他们都在听。妈妈说:"那是不可能发生的。"爸爸说:"明天我和你一起去学校。"

工作表

如果有人让我保守不好的秘密，我会告诉这些人：

_____

_____

和 _____

_____

和 _____

_____

如果他们不相信我，我将：

_____

_____

_____

_____

_____

_____

附　录

将个人安全技能整合到课程中的方法

下面是关于将个人安全技能的教育整合到其他课程中的方法。

健康	性教育 ┐
	药品教育 ├ 在适当的发展水平
	艾滋病教育 ┘
	药品安全
	一般安全
	成长和互相关心
	个人卫生
手工艺	制作木偶、贴纸和海报
	制作安全徽章
	绘画，着色
音乐	关于我们身体和安全的歌曲
语言艺术	关于孩子解决问题和保证安全的故事
	解决问题的练习
	头脑风暴的练习
数学	关于个人差异的图片展示（例如图片和柱状图）
社会学习	调查当地政府的计划并提出建议
	调查/邀请警察、儿童保护和支持机构
	邀请提供关于障碍儿童信息和服务的组织的代表
戏剧	木偶剧
	角色扮演
沟通	教孩子在没有成年人帮助的情况下处理突发事件
	如何使用电话并取得联系

© 1995 Freda Briggs
First Published in the UK in 1995 by Jessica Kingsley Publishers Ltd
73 Collier Street, London, N1 9BE, UK
www.jkp.com
All rights reserved

©华夏出版社有限公司　未经许可，不得以任何方式使用本书全部及任何部分内容，违者必究。

北京市版权局著作权合同登记号：图字 01-2015-2103 号

图书在版编目（CIP）数据

特殊儿童安全技能发展指南 ／(澳)弗蕾达·布里格斯 (Freda Briggs) 著；张金明主译. --北京：华夏出版社有限公司, 2024.1
书名原文：Developing Personal Safety Skills in Children with Disabilities
ISBN 978-7-5222-0547-2

Ⅰ.①特…Ⅱ.①弗…②张…Ⅲ.①儿童教育－特殊教育－安全教育－指南Ⅳ.①G783-64

中国国家版本馆 CIP 数据核字(2023)第 155750 号

特殊儿童安全技能发展指南

作　　者	［澳］弗蕾达·布里格斯
主　　译	张金明
责任编辑	许　婷　李傲男
出版发行	华夏出版社有限公司
经　　销	新华书店
印　　装	三河市少明印务有限公司
版　　次	2024 年 1 月北京第 1 版　2024 年 1 月北京第 1 次印刷
开　　本	710×1000　1/16 开
印　　张	16
字　　数	232 千字
定　　价	59.00 元

华夏出版社有限公司　地址：北京市东直门外香河园北里 4 号　邮编：100028
网址：www.hxph.com.cn　电话：（010）64663331（转）
若发现本版图书有印装质量问题，请与我社营销中心联系调换。